Belete Biazen Bezabeh
Getachew Jemaneh

Descoberta de conhecimentos para uma segmentação eficaz de clientes

Belete Biazen Bezabeh
Getachew Jemaneh

Descoberta de conhecimentos para uma segmentação eficaz de clientes

ScienciaScripts

Cover image: www.ingimage.com

This book is a translation from the original published under ISBN 978-620-2-31127-4.

Publisher:
Sciencia Scripts
is a trademark of
Dodo Books Indian Ocean Ltd. and OmniScriptum S.R.L publishing group

120 High Road, East Finchley, London, N2 9ED, United Kingdom
Str. Armeneasca 28/1, office 1, Chisinau MD-2012, Republic of Moldova, Europe
Printed at: see last page
ISBN: 978-620-8-36627-8

DEDICAÇÃO

Gostaria de dedicar este trabalho à minha família, que sempre esteve presente e me apoiou quando enfrentei qualquer dificuldade.

RECONHECIMENTO

Antes de mais, gostaria de agradecer a DEUS todo-poderoso por me ter dado a possibilidade de realizar este trabalho de investigação.

O meu prazer e a minha mais profunda gratidão vão para o meu orientador Ato Getachew Jemaneh pela sua paciência, ideias valiosas e conselhos de apoio. O seu interesse e encorajamento sempre me estimularam a acelerar a conclusão do trabalho.

Gostaria de apresentar os meus agradecimentos especiais aos funcionários da Autoridade Tributária e Aduaneira da Etiópia. Os meus agradecimentos vão especialmente para o administrador da base de dados da Autoridade, Ato Getacher Alemu, e para os funcionários do serviço de apoio ao cliente pela sua amável cooperação e assistência constante na explicação do trabalho no domínio problemático.

Gostaria também de estender os meus agradecimentos muito sinceros e especiais ao Dr. Million Meshesha, que me prestou a assistência necessária durante a redação da proposta.

Estou também muito grato ao meu irmão Endegena Biazen e à minha irmã Zegeju Biazen pelo seu apoio e encorajamento em todos os meus estudos, desde a minha idade escolar.

Por último, os meus agradecimentos e respeitos especiais vão para os meus amigos Hilemariam Abebe, Kendie Alebachew, Shumet Taddese, Tadele Asitatikie e Tariku Adane, que me forneceram todas as informações necessárias e comentários valiosos.

LISTA DE ACRÓNIMOS

AI: Artificial Intelligence

ANN: Artificial Neural Network

ARFF: Attribute Relationship File Format

ASYCUDA: Automation System Customs Data

CRISP-DM: CRoss Industry Standard Process of Data Mining

CRM: Customer Relationship Management

CSV: Comma Separated Value

DBMS: Database Management Systems

ERCA: Ethiopian Revenue and Customs Authority

IT: Information Technology

KDD: Knowledge Discovery in Databases

MOLAP: Multidimensional Online Analytical Processing

OLAP: Online Analytical Processing

ROLAP: Relational Online Analytical Processing

SAD: Single Administration Document

SOM: Self Organized Maps

SQL: Structured Query Language

WEKA: Waikato Environment for Knowledge Analysis

ÍNDICE DE CONTEÚDOS

RESUMO

O CRM é um processo através do qual uma organização maximiza a satisfação do cliente num esforço para aumentar a lealdade e reter os negócios dos clientes ao longo da sua vida. Por outro lado, a segmentação de clientes é o agrupamento de clientes em diferentes grupos com base nos seus atributos comuns e é a parte principal do CRM. Para analisar os dados de CRM, é necessário explorar os dados de diferentes ângulos e analisar os seus diferentes aspectos. Para tal, é necessário aplicar diferentes tipos de técnicas de extração de dados. A extração de dados encontra e extrai conhecimentos escondidos nos armazéns de dados das empresas.

O objetivo deste estudo é testar a aplicabilidade das técnicas de extração de dados de agrupamento e classificação para apoiar as actividades de CRM da AECI, utilizando o modelo de processo KDD de Cios et al. (2000). Neste estudo, foram recolhidas diferentes caraterísticas dos dados dos clientes da ERCA a partir da base de dados ASYCUDA das alfândegas. Uma vez recolhidos os dados dos clientes, foram realizados os passos necessários para a sua preparação e, finalmente, foi obtido um conjunto de dados constituído por 46748 registos.

Para segmentar os clientes, foi utilizado o algoritmo de agrupamento K-means. Durante a modelação do agrupamento, foram efectuadas diferentes experiências utilizando diferentes números de agrupamento (K=3, 4, 5, 6) e valores de semente. Das diferentes experiências, foi selecionada a que teve melhor desempenho. Assim, o modelo de agrupamento com K=5 teve melhor desempenho e o seu resultado foi utilizado para a modelação de classificação seguinte.

O modelo de classificação foi construído utilizando os algoritmos J48 decision tree e ANN multilayerperceptron com validação cruzada 10 vezes e técnicas de divisão (70% de treino e 30% de teste). Entre estes modelos, um modelo que foi construído utilizando o algoritmo de árvore de decisão J48 com validação cruzada 10 vezes por defeito apresenta um melhor desempenho, que é de 99,95% da taxa de precisão global; por conseguinte, este modelo foi selecionado.

Os resultados desta investigação foram encorajadores, uma vez que foi obtida uma precisão de classificação muito elevada.

CAPÍTULO 1

ANTECEDENTES

1.1 Introdução

A gestão das relações com os clientes (CRM) tornou-se uma das estratégias de uma organização para obter uma vantagem competitiva sustentada. No seu sentido mais lato, CRM significa simplesmente gerir todas as interações com os clientes (Trappey et al. 2009). O novo milénio está no meio de uma mudança explosiva que testemunha condições de mercado em rápida mutação, mercados de acções voláteis, cadeias de valor reconstruídas e novos concorrentes globais (Kumar e Solanki 2010). Os próprios clientes estão a mudar e consideram a fidelização natural dos clientes uma coisa do passado (Suresh 2002). O CRM inclui todas as medidas destinadas a compreender os clientes e a explorar esse conhecimento para conceber e implementar actividades de marketing, alinhar a produção e coordenar a cadeia de abastecimento (Srivastava 2002*)*. Trata-se de uma integração da tecnologia e da atividade empresarial para satisfazer as necessidades do cliente. O CRM ganha importância para as empresas que servem vários grupos de clientes e exploram diferentes canais de interação com eles. O CRM é um processo através do qual uma empresa maximiza a satisfação do cliente num esforço para aumentar a lealdade e reter os negócios dos clientes ao longo da sua vida. Os principais objectivos do CRM são a criação de relações duradouras e lucrativas com os clientes selecionados e a aproximação a esses clientes em todos os pontos de contacto (Verhoef 2003).

A segmentação pode ser definida como a agregação de clientes em grupos com caraterísticas semelhantes, como traços demográficos, geográficos ou comportamentais, e a comercialização para eles como um grupo (Parvatiyar e Sheth 2001). Consequentemente, cada membro do segmento tem necessidades e desejos semelhantes; no entanto, não são completamente uniformes. O resultado foi que os clientes receberam muitas vezes a maior parte do que queriam, mas tiveram de fazer cedências em relação a muitos desejos (Bose 2002).

A segmentação de clientes é o agrupamento de clientes em diferentes grupos com base nos seus atributos comuns e é a parte principal do CRM (Verhoef 2003). A segmentação requer a recolha, organização e análise dos dados dos clientes. Com uma segmentação adequada dos dados de um cliente, é possível identificar a fiabilidade/fidelidade dos clientes, de modo a aumentar as receitas da organização. O CRM cria uma interação dos clientes com a organização através da utilização de tecnologias da informação (TI). Além disso, identificar melhor as necessidades/interesses dos clientes e tratá-los em conformidade pode aumentar o seu tempo de vida (Verhoef 2003).

Para analisar os dados de CRM, é necessário explorar os dados de diferentes ângulos e analisar os seus diferentes aspectos. Para tal, é necessário aplicar diferentes tipos de técnicas de extração de dados. Antes da extração de dados, é necessário integrar os dados. A extração de dados envolve ferramentas de software especializadas que permitem aos utilizadores filtrar grandes quantidades de dados para descobrir relações entre o conteúdo dos dados e construir modelos para prever o comportamento dos clientes; a extração de dados utiliza técnicas estatísticas e de aprendizagem automática bem estabelecidas para construir modelos que prevêem o comportamento dos clientes (Suresh 2002).

Rygielski et al. (2002) definem a extração de dados como uma capacidade sofisticada de pesquisa de dados que utiliza algoritmos de aprendizagem automática para descobrir padrões e correlações nos dados. A prospeção de dados encontra e extrai conhecimentos escondidos nos armazéns de dados das empresas, ou informações que os utilizadores deixaram cair num sítio Web, a maioria dos quais pode conduzir a melhorias na compreensão e utilização dos dados (Rygielski et al. 2002). Em termos simples, a extração de dados é outra forma de encontrar significado nos dados. A extração de dados descobre padrões e relações ocultos nos dados e, na realidade, faz parte de um processo mais vasto denominado descoberta de conhecimentos em bases de dados (KDD), que descreve os passos que devem ser dados para garantir resultados significativos (Edelstein 2002). O software de exploração de dados não elimina, contudo, a necessidade de conhecer a atividade, compreender os dados ou conhecer os métodos estatísticos gerais. A extração de dados ajuda os analistas empresariais a gerar hipóteses, mas não valida/confirma as hipóteses.

Fayyad et al. (1996) também descrevem a extração de dados como a aplicação de algoritmos específicos para extrair padrões dos dados. Para além da extração de dados, as etapas adicionais do processo de KDD, como a preparação dos dados, a seleção dos dados e a limpeza dos dados, são também essenciais para garantir a obtenção de conhecimentos úteis a partir dos dados. Assim, para segmentar eficazmente os clientes de uma determinada organização, é possível aplicar diferentes tipos de técnicas de extração de dados

A classificação é uma técnica de extração de dados que mapeia os dados de destino em grupos ou classes predefinidos. A classificação é uma técnica de aprendizagem supervisionada porque as classes são predefinidas antes da análise dos dados-alvo (Deshpande e Thakare 2010). A classificação é principalmente utilizada para modelos de previsão que fazem previsões sobre valores de dados desconhecidos utilizando os valores conhecidos.

À semelhança da classificação, o agrupamento é também a organização dos dados em classes. No entanto, ao contrário da classificação, no agrupamento, as etiquetas das classes são desconhecidas (Han e Kamber 2006). O agrupamento é também designado por aprendizagem não supervisionada ou segmentação e consiste na partição ou segmentação dos dados em grupos ou clusters (Deshpande e Thakare 2010).

O presente estudo incide sobre a Autoridade Tributária e Aduaneira da Etiópia (ERCA). A ERCA é responsável pela coleta de receitas para o governo federal e pela prevenção do contrabando. Para além de arrecadar receitas, a ERCA é responsável por facilitar a circulação legítima de pessoas e mercadorias através da fronteira. Simultaneamente, a ERCA concentra-se nas pessoas e veículos que possam estar envolvidos no ato de contrabando, ou seja, o ato de introduzir ou retirar do país mercadorias cujos direitos aduaneiros e impostos não são pagos e mercadorias cuja importação ou exportação são proibidas por lei. A ERCA efectua investigações, auditorias e instaura processos contra os infractores/criminosos. A fim de cumprir esta responsabilidade, a ERCA trabalha com o objetivo de utilizar um sistema moderno e estabelecido de avaliação e cobrança de receitas e de prestar aos clientes um serviço equitativo, eficiente e de qualidade, fazendo com que os contribuintes cumpram voluntariamente as suas obrigações fiscais.

1.2 Declaração do problema e justificação

Atualmente, a ERCA utiliza técnicas de análise estatística e de avaliação para identificar clientes potenciais e de baixo valor. A Autoridade verifica se os clientes cumprem ou não as suas responsabilidades na base de dados das receitas e, ao mesmo tempo, cruza com a base de dados das alfândegas se os artigos são importados/exportados com o pagamento do imposto exigido, utilizando técnicas de avaliação e de análise estatística. A Autoridade está também a utilizar estas técnicas para verificar a credibilidade dos clientes, ou seja, se importam/exportam ou não mercadorias em conformidade com o que especificaram no formulário de declaração. No entanto, estas técnicas não são eficazes e eficientes e exigem um tempo considerável para tratar os clientes de acordo com as suas caraterísticas. Por exemplo, os participantes no comércio internacional (importadores, exportadores) estavam a enfrentar algumas dificuldades para entregar as suas mercadorias no mercado nacional e internacional a tempo. Por esse motivo, os importadores ou exportadores consideravam o procedimento ERCA desfavorável ou como um obstáculo que bloqueava o movimento do comércio internacional. Estas técnicas são também menos eficazes para controlar os contribuintes que não declaram os seus rendimentos reais, a fim de reduzir a sua fatura fiscal e as receitas do governo federal.

Chen et al. (2005) definem CRM como a estratégia que integra vendas, marketing e serviços, que une procedimentos operacionais e tecnologia para compreender melhor os clientes de diferentes perspectivas. A ERCA tem uma base de dados de clientes bem organizada. Apesar de a organização possuir uma base de dados de clientes bem organizada, não existe um sistema ou modelo integrado que esteja a ser aplicado para segmentar os clientes. Para além disso, a ERCA não dispõe de um conjunto bem organizado de regras ou procedimentos que sejam utilizados para segmentar os clientes de acordo com a sua cultura, comportamento e caraterísticas, para dizer se os clientes são potenciais ou de baixo valor. Como resultado, a organização não consegue recolher as receitas necessárias e controlar o contrabando.

Para resolver os problemas descritos anteriormente, é adequado efetuar uma investigação utilizando a tecnologia de extração de dados. No contexto da Etiópia, Fekadu (2004) e Melaku (2009), da Ethiopian Telecommunications Corporation, Kumnegere (2006), da Ethiopian Shipping Lines, e Henok (2002) e Denekew (2003), da Ethiopian Airlines, fizeram algumas tentativas para resolver problemas de CRM utilizando a tecnologia de extração de dados. Além disso, foram também realizados diversos trabalhos de investigação substanciais sobre o CRM das autoridades fiscais e aduaneiras no estrangeiro, tais como Mahler e Hennessey (1996) sobre "Taking Internal Customer Satisfaction Seriously at the U.S. Customs Service",

Doye (2010) um estudo sobre "Collaborative Border Management" e Boulding et al. (2005) investiga sobre "A Customer Relationship Management Roadmap: What is Known, Potential Pitfalls, and Where to Go". Por fim, concluem que a satisfação do cliente tem sido uma pedra angular do movimento de gestão da qualidade total e dos esforços nacionais de avaliação do desempenho. No entanto, tanto quanto é do conhecimento do presente investigador, não existe qualquer trabalho efectuado para resolver problemas de CRM nas ERCA.

Uma vez que tem havido um aumento da procura e da oferta de tempos a tempos, há também um aumento das transacções de mercadorias nas fronteiras do país. Assim, a organização tem de rever a sua estratégia de CRM e deve apoiá-la com novas tecnologias, de modo a satisfazer os seus clientes e reduzir o contrabando.

Este estudo procura abordar os problemas relacionados com o CRM de acordo com o comportamento, a cultura e as caraterísticas dos clientes. O estudo também se centra no agrupamento de clientes com base na informação oculta, que se encontra na base de dados de clientes da ERCA, e na criação de regras para identificar clientes potenciais e de baixo valor.

1.3 Objectivos

1.3.1 Objetivo geral

O objetivo geral deste estudo é conceber um modelo que utilize técnicas de extração de dados para a segmentação de clientes que ajude a organização a manter o potencial de CRM. Isto pode ser feito através da transformação dos dados do cliente numa categorização significativa do cliente, que tem sido útil para a conceção de estratégias de CRM adequadas com o objetivo de maximizar as receitas, prevenir o contrabando e aumentar a satisfação do cliente.

1.3.2 Objectivos específicos

Os objectivos específicos do presente estudo são os seguintes

- Rever a literatura, para ter uma compreensão concetual sobre a área de estudo
- Identificar e pré-processar o tipo de dados dos clientes que se encontram na base de dados da organização
- Selecionar a ferramenta de extração de dados e os algoritmos a utilizar com base no objetivo do estudo

- Preparar os dados para análise (seleção de dados, limpeza de dados e organização do conjunto de dados de treino)
- Construir um modelo de extração de dados utilizando um conjunto de dados de treino para uma segmentação eficaz dos clientes
- Para avaliar o desempenho do modelo

1.4 Âmbito do estudo

O presente estudo centra-se apenas nos clientes que efectuam operações de importação/exportação através da ERCA, o que significa que o estudo se restringe apenas à base de dados aduaneiros da ERCA. O estudo também se limita à construção de um modelo de extração de dados para segmentar os clientes, interpretar os segmentos resultantes e desenvolver regras de classificação para cada segmento. O investigador utiliza clustering para descrever o conjunto de dados e técnicas de classificação para desenvolver um modelo preditivo.

1.5 Metodologia

Este estudo segue, em geral, métodos quantitativos e qualitativos. O método quantitativo é utilizado para recolher e analisar os dados dos clientes. Por outro lado, o aspeto qualitativo é utilizado para compreender o funcionamento da empresa, estabelecendo uma relação estreita com os especialistas do domínio e o organismo responsável, como o administrador da base de dados da organização. No processo de extração de dados ou KDD, existem diferentes tipos de metodologias ou modelos padrão, tais como o Cross-Industry Standard Process for Data Mining (CRISP-DM), Anand & Buchner, Fayyad et al., Cios et al. (2000) e Cabena et al. (Kurgan e Musilek 2006). Todos os modelos de processos consistem em várias etapas executadas numa sequência, que inclui frequentemente loops e iterações. Como explicaram Kurgan e Musilek (2006), as principais diferenças entre os modelos residem no número e no âmbito das suas etapas específicas.

A tabela seguinte apresenta as diferentes etapas dos modelos do processo KDD.

Model	Fayyad et al.	Anand & Buchner	Cios et al. (2000)	Cabena et al.	CRISP-DM
Area	Academic	Academic	Hybrid	Industry	Industry
# of steps	9	8	6	5	6
Steps	1. Developing & Understanding the Application Domain	1. Human Resource Identification	1. Understanding of the Problem Domain	1. Business Objective Determination	1. Business Understanding
	2. Creating a Target Data Set	2. Problem Specification	2. Understanding of the Data	2. Data Preparation	2. Data Understanding
	3. Data Cleaning & Preprocessing	3. Data Prospecting	3. Preparation of the Data	3. Data Mining	3. Data Preparation
	4. Data Reduction & projection	4. Domain Knowledge Elicitation	4. Data Mining	4. Analysis of Results	4. Modeling
	5. Choosing the Data Mining Task	5. Methodology Identification	5. Evaluation of the Discovered Knowledge	5. Assimilation of Knowledge	5. Evaluation
	6. Choosing the Data Mining Algorithm	6. Data Preprocessing	6. Use of the Discovered Knowledge		6. Deployment
	7. Data Mining	7. Pattern Discovery			
	8. Interpreting Mined Patterns	8. Knowledge Post-Processing			
	9. Consolidating Discovered Knowledge				

Quadro 1.1 Comparação dos cinco modelos de processo de KDD Fonte: Kurgan e Musilek (2006)

Tal como indicado no Quadro 1.1, a maioria dos modelos de processos enquadra-se nas categorias de modelos de processos industriais ou académicos. No entanto, existem alguns modelos que combinam ambos os aspectos; este tipo de modelos é designado por modelos híbridos. Um exemplo deste tipo de modelo é um modelo de processo de KDD em seis etapas desenvolvido por Cios et al. (2000). Foi desenvolvido com base no modelo CRISP-DM, adoptando-o como um modelo de investigação académica. Como explicaram Kurgan e Musilek (2006), a principal diferença entre o modelo de Cios et al. (2000) e outros modelos de extração de dados reside no facto de o modelo de Cios et al. (2000) ter as seguintes vantagens

> fornecer uma descrição mais geral, orientada para a investigação, das etapas
> introdução de uma etapa de extração de dados em vez da etapa de modelação

> a introdução de vários novos mecanismos explícitos de feedback (o modelo CRISP-DM tem apenas três fontes principais de feedback, enquanto o modelo híbrido tem mecanismos de feedback mais pormenorizados) e
> modificação da última etapa, uma vez que, no modelo híbrido, o conhecimento

descoberto para um determinado domínio pode ser aplicado noutros domínios

Assim, este estudo utilizou o modelo de processo de KDD de Cios et al. (2000). O modelo de processo de KDD de Cios et al. (2000) centra-se no processo do ciclo de vida dos projectos de extração de dados.

> **Compreensão do domínio do problema**

Foram realizadas entrevistas, observação e análise de documentos para avaliar exaustivamente as necessidades dos utilizadores e analisar os problemas da empresa. As entrevistas com especialistas no domínio e outros funcionários são preferíveis a outros métodos, como os questionários, porque as entrevistas são utilizadas para compreender muito bem o problema da empresa, fazendo mais perguntas ou porque as entrevistas são mais flexíveis do que as outras técnicas. A observação do sistema existente na organização também é importante para compreender a forma como tratam ou lidam com os seus clientes. Qualquer documento relevante relacionado com a relação/tratamento dos clientes será também analisado pelo investigador para obter as informações necessárias.

> **Compreensão dos dados**

A fonte de dados foi a base de dados da ERCA, que contém os dados dos clientes envolvidos na importação e exportação de diferentes mercadorias.

O conjunto de dados contém tipos de clientes em relação aos seus atributos e a seleção dos dados adequados foi feita de acordo com as necessidades e o problema da organização.

> **Preparação dos dados**

Antes de utilizar os dados dos clientes, estes devem ser convertidos numa forma adequada para análise. As técnicas de preparação dos dados, como a análise, a edição, a limpeza, a integração e a transformação, foram efectuadas.

> **Extração de dados**

Depois de os dados terem sido preparados para análise, são utilizados para construir modelos de agrupamento e/ou classificação utilizando técnicas de extração de dados. Isto permitiu conceber uma melhor estratégia para uma segmentação eficaz dos clientes.

> **Avaliação dos conhecimentos descobertos**

A fim de verificar o desempenho do modelo, é efectuada uma contraverificação com peritos no domínio e pessoas responsáveis (outros funcionários) da organização. Com base na matriz de confusão, a exatidão do sistema é também avaliada para verificar o desempenho do modelo na segmentação dos clientes.

> **Utilização dos conhecimentos descobertos**

No final deste estudo, o investigador elaborou o relatório escrito final do trabalho de extração de dados, incluindo todos os produtos, resumindo e organizando os resultados.

1.6 Importância do estudo

Este estudo é importante para que a organização possa segmentar corretamente os clientes e tratá-los em conformidade. Se a organização implementar um CRM adequado com a ajuda das TI, espera-se que a satisfação dos clientes aumente, o que, por sua vez, resultará num aumento das receitas e na redução do contrabando. Os resultados desta investigação apoiarão os processos de tomada de decisões estratégicas e de rotina da ERCA.

1.7 Organização da tese

Este trabalho de investigação está organizado em cinco capítulos. O primeiro capítulo aborda os antecedentes do estudo, que introduzem principalmente a área problemática, enunciam o problema, os objectivos gerais e específicos do estudo, a metodologia de investigação, o âmbito do estudo e a importância do estudo. O segundo capítulo analisa o KDD ou a tecnologia de extração de dados. Neste capítulo, são analisadas diferentes técnicas de extração de dados, como o agrupamento e a classificação, com os respectivos algoritmos. O terceiro capítulo aborda o CRM, a segmentação de clientes e apresenta a ERCA (a organização em que se insere esta investigação). O capítulo quatro apresenta a fase de experimentação do estudo, que aborda principalmente as diferentes etapas da experiência para construir o modelo KDD e interpreta os resultados das experiências de agrupamento e classificação. O último capítulo, o capítulo cinco, apresenta a conclusão do resultado do estudo e fornece recomendações com base na investigação do estudo.

CAPÍTULO 2

EXTRACÇÃO DE DADOS

2.1 Visão geral

A quantidade de dados guardados em ficheiros informáticos e bases de dados está a crescer a um ritmo fenomenal. Ao mesmo tempo, os utilizadores destes dados esperam obter informações mais sofisticadas. Um diretor de marketing ou um responsável pelo serviço de apoio ao cliente já não se contenta com uma simples listagem de contextos de marketing, mas quer informações pormenorizadas sobre as compras anteriores dos clientes, bem como previsões de compras futuras (Dunham 2000). As consultas SQL simples não são adequadas para dar resposta a esta procura crescente de informação. A recuperação de informação (RI) também já não é adequada para a tomada de decisões. Com enormes colecções de dados, surgiram agora novas necessidades para ajudar a fazer melhores escolhas de gestão. Estas necessidades são a sumarização automática de dados, a extração da informação central armazenada e a descoberta de padrões em dados brutos (Han e Kamber 2006). A extração de dados, também conhecida como descoberta de conhecimentos em bases de dados (KDD), é capaz de resolver estas necessidades.

Como explicado por Trappey et al. (2009), a prospeção de dados permite a extração de informações preditivas ocultas de grandes bases de dados. Como resultado, as organizações identificam clientes valiosos e prevêem os seus comportamentos futuros, o que lhes permite tomar decisões positivas e informadas. A extração de dados envolve a utilização de ferramentas sofisticadas de análise de dados para descobrir padrões e relações válidos e anteriormente desconhecidos em grandes conjuntos de dados. Estas ferramentas podem incluir modelos estatísticos, algoritmos matemáticos e métodos de aprendizagem automática (algoritmos que melhoram o seu desempenho automaticamente através da experiência, como as redes neuronais ou as árvores de decisão). Consequentemente, a extração de dados não se limita à recolha e gestão de dados; inclui também a análise e a previsão (Trappey et al. 2009).

Como indicado anteriormente, Rygielski et al. (2002) descrevem a extração de dados como uma poderosa capacidade de pesquisa de dados que utiliza algoritmos estatísticos para descobrir padrões e correlações nos dados. É possível aplicar técnicas de prospeção de dados a dados representados em formas quantitativas, textuais ou multimédia (Rygielski et al. 2002). As aplicações de extração de dados podem utilizar uma variedade de parâmetros para examinar os dados. Estes incluem a associação (padrões em que um evento está ligado a outro evento), a análise de sequências ou de caminhos (padrões em que um evento conduz a outro evento), a classificação (identificação de novos padrões), o agrupamento (encontrar e documentar visualmente grupos de factos previamente desconhecidos) e a previsão (descobrir padrões a partir dos quais se podem fazer previsões razoáveis relativamente a actividades futuras) (Singh e Chauhan 2009).

2.2 Processo de extração de dados

O processo de extração de dados é uma etapa do processo KDD que consiste em métodos que produzem padrões ou modelos úteis a partir dos dados (Nasereddin 2009). No processo de extração de dados há duas possibilidades: em alguns casos, quando o problema é conhecido e os dados corretos também estão disponíveis, tenta-se encontrar os modelos ou ferramentas que serão utilizados. Por outro lado, alguns problemas podem ocorrer devido a valores duplicados, em falta, incorrectos ou aberrantes, pelo que é necessário recorrer a alguns métodos estatísticos. De acordo com Nasereddin (2009), para resolver este tipo de problemas, o processo de extração de dados passa pelas cinco etapas seguintes:

- Definição do problema de extração de dados
- Recolha de dados de extração de dados
- Detetar e corrigir os dados
- Estimativa e construção do modelo
- Descrição e validação do modelo

1.1.1 Definição do problema de extração de dados

A compreensão dos objectivos e requisitos dos projectos é o primeiro passo no processo de extração de dados. Uma vez especificado o projeto do ponto de vista comercial, é possível formulá-lo como um problema de extração de dados e desenvolver um plano de implementação preliminar. A maioria dos estudos de modelação com base em dados é realizada para um determinado domínio de aplicação. Por conseguinte, o conhecimento e a experiência específicos do domínio são normalmente necessários para elaborar uma declaração de problema significativa (Nasereddin 2009).

1.1.2 Recolha de dados de extração de dados

Este processo centra-se principalmente na recolha de dados de diferentes fontes e locais. Atualmente, existem dois métodos que são utilizados para recolher os dados da extração de dados. Estes são:

> Dados internos: Os dados são normalmente recolhidos a partir de bases de dados existentes, armazéns de dados e OLAP. As transacções reais registadas pelos indivíduos são a fonte de informação mais rica.

> Dados externos: Para além dos dados partilhados dentro de uma empresa, também podem ser recolhidos dados demográficos, psicográficos e gráficos da Web.

1.1.3 Detetar e corrigir os dados

As bases de dados do mundo real são normalmente confrontadas com ruído, dados em falta e dados inconsistentes devido à sua dimensão tipicamente enorme. O pré-processamento de dados é normalmente utilizado como uma prática preliminar de extração de dados. Transforma os dados num formato que pode ser fácil e eficazmente processado pelos algoritmos de extração de dados. Como indicado por Nasereddin (2009), existem várias técnicas de pré-processamento de dados que incluem

> **Limpeza de dados:** Pode ser aplicada para remover o ruído e corrigir inconsistências, valores anómalos e valores em falta.

> **Integração de dados:** Fusão de dados de várias fontes num armazenamento de dados coerente, como um armazém de dados ou um cubo de dados.

> **Transformações de dados:** É o processo que melhora a precisão e a eficiência dos algoritmos de extração que envolvem medições de distância.

> **Redução de dados:** É a redução do tamanho dos dados através da agregação e eliminação de caraterísticas redundantes.

1.1.4 Estimativa e construção do modelo

De acordo com Nasereddin (2009), o processo de estimativa e construção do modelo inclui as quatro partes seguintes:

> selecionar tarefa de extração de dados

> selecionar o método de extração de dados

> selecionar o algoritmo adequado e

> extrair conhecimentos

Selecionar a(s) tarefa(s) de extração de dados: A seleção da tarefa a utilizar depende do modelo, se é preditivo ou descritivo (Two Crows Corporation 1999). Os modelos preditivos prevêem os valores dos dados utilizando resultados conhecidos e/ou informações encontradas num grande conjunto de dados. A classificação, a regressão, a análise de séries temporais, a previsão e a estimativa são tarefas do modelo preditivo (Zaiane 1999). Por outro lado, o modelo descritivo identifica padrões ou relações nos dados e serve como uma forma de explorar as propriedades dos dados examinados. O agrupamento, a sumarização, as regras de associação e a descoberta de sequências são geralmente considerados como descritivos (Zaiane 1999). A importância da previsão e da descrição para determinadas aplicações de extração de dados pode ser variável. Isto significa que a seleção da tarefa a utilizar depende do modelo, se é preditivo ou descritivo.

Selecionar o(s) método(s) de extração de dados: Depois de selecionar a tarefa, o passo seguinte é escolher o método de extração de dados. Existem vários métodos de estimativa de modelos, incluindo redes neuronais, árvores de decisão, regras de associação, algoritmos genéticos, deteção de clusters, lógica difusa, etc.

Selecionar o algoritmo adequado: O passo seguinte é selecionar um algoritmo específico adequado que implemente os métodos gerais.

Extração de conhecimentos: Este é o último passo na construção do modelo, que é o resultado (as respostas para o problema resolvido na extração de dados) depois de fazer a simulação para o algoritmo.

1.1.5 Descrição e validação do modelo

Em todos os casos, a função dos modelos de extração de dados é ajudar os utilizadores na tomada de decisões.

No entanto, o modelo por si só não ajuda os utilizadores a tomar decisões; por conseguinte, é necessário interpretar esses modelos porque os seres humanos não são capazes de tomar boas decisões com base nesses modelos complexos.

2.3 Extração de dados como processo KDD

A extração de dados descobre padrões e relações ocultos nos dados e, na realidade, faz parte de um processo mais vasto denominado processo KDD, que descreve os passos a dar para garantir resultados significativos (Rygielski et al. 2002). O KDD refere-se à extração séria de informações implícitas, previamente desconhecidas e potencialmente úteis dos dados contidos nas bases de dados. Embora a extração de dados e o KDD sejam frequentemente tratados como sinónimos, a extração de dados faz, na realidade, parte do processo KDD.

Tal como descrito por Dunham (2000), o processo KDD é um processo iterativo que consiste nas seguintes etapas:

Limpeza de dados: Também conhecida como limpeza de dados, é uma fase em que os dados com ruído e os dados irrelevantes são removidos da coleção. O processo de limpeza de dados é normalmente dispendioso, pelo que não era possível efectuá-lo com tecnologias antigas. Atualmente, os computadores mais rápidos permitem que a limpeza de dados seja realizada num período de tempo aceitável numa grande quantidade de dados (Huang 2003). Para além do KDD, a limpeza de dados é também aplicada no armazém de dados e na gestão da qualidade total dos dados

Integração de dados: Nesta fase, várias fontes de dados heterogéneas são combinadas numa fonte comum, uma vez que os dados podem provir de vários recursos. A combinação de diferentes fontes de dados é necessária para que os dados sejam integrados. As questões da integração de dados incluem a identificação de entidades semelhantes, a remoção de redundância, a deteção e remoção de conflitos e erros.

Seleção dos dados: Nesta fase, os dados relevantes para a análise são decididos e retirados da recolha de dados.

Transformação de dados: Também conhecida como consolidação de dados, é uma fase em que os dados selecionados são transformados numa forma apropriada para o processo de extração.

Extração de dados: Trata-se de um processo essencial em que são aplicadas técnicas inteligentes para extrair padrões potencialmente úteis.

Avaliação de padrões: É uma etapa em que os padrões estritamente interessantes que representam o conhecimento são avaliados com base em determinadas medidas.

Representação do conhecimento: É a fase final em que o conhecimento descoberto é representado visualmente para o utilizador. Esta etapa essencial utiliza técnicas de visualização para ajudar os utilizadores a compreender e interpretar os resultados da extração de dados.

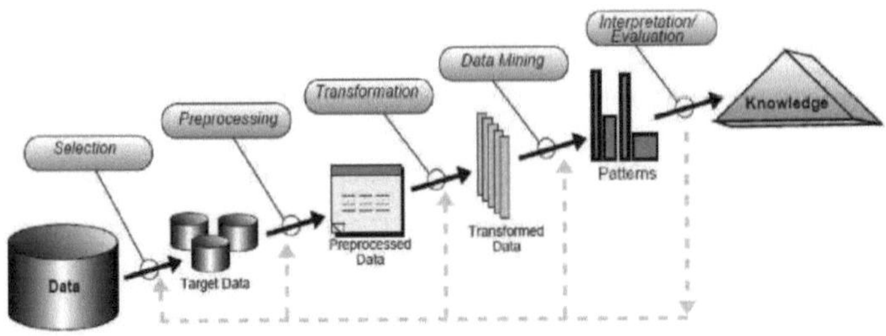

Figura 2.1 Etapas da descoberta de conhecimentos (Fonte: Fayyad et al. 1996)

2.4 Extração de dados e domínios conexos

2.4.1 Exploração de dados e armazenamento de dados

Antes de iniciar qualquer tipo de trabalho de extração de dados, é melhor reunir todos os dados, porque no ambiente empresarial real os dados encontram-se em diferentes departamentos. No entanto, a integração de dados de diferentes fontes não é uma tarefa fácil, porque os diferentes departamentos têm utilizado diferentes estilos de manutenção de registos, diferentes convenções, diferentes períodos de tempo, diferentes graus de agregação de dados e diferentes tipos de erros. Um armazém de dados é um repositório/área de armazenamento de dados recolhidos a partir de múltiplas fontes de dados heterogéneas e destina-se a ser utilizado como um todo sob o mesmo esquema unificado (Han e Kamber 2006). Um armazém de dados é também definido como uma coleção de dados orientada para um assunto, integrada, variável no tempo e não volátil, para apoiar o processo de tomada de decisão da gestão (Two Crows Corporation 1999). A construção de um armazém de dados pode ser vista como uma etapa importante de pré-processamento para a extração de dados, porque o armazém de dados envolve a limpeza, a integração e a transformação de dados. Um armazém de dados oferece a possibilidade de analisar dados de diferentes fontes sob o mesmo teto.

Um armazém de dados não é um requisito para a extração de dados. No entanto, a criação de um grande armazém de dados que consolide dados de várias fontes resolve os problemas de integridade dos dados (Two Crows Corporation 1999).

Tal como é descrito pela Two Crows Corporation (1999), frequentemente os dados a extrair são primeiro extraídos de um armazém de dados da empresa para uma base de dados de extração de dados ou data mart. Existe alguma vantagem real se os dados já fizerem parte de um armazém de dados. Por exemplo, os problemas de limpeza dos dados para um armazém de dados e para a extração de dados são muito semelhantes. Assim, se os dados já tiverem sido limpos para um data warehouse, muito provavelmente não precisarão de mais limpeza para serem extraídos. A base de dados para extração de dados pode ser um subconjunto lógico e não físico do data warehouse, desde que o SGBD do data warehouse possa suportar as exigências adicionais de recursos da extração de dados. Se não puder, então será melhor ter uma base de dados de extração de dados separada.

2.4.2 Extração de dados e SGBD

Os sistemas de gestão de bases de dados (SGBD) proporcionam uma base sólida para a extração de dados, permitindo descobrir conhecimentos a partir de grandes bases de dados. Os SGBD fornecem uma série de capacidades essenciais para a extração de dados, por exemplo, um armazenamento persistente, um modelo de dados consistente e uma linguagem de consulta de alto nível, que permite aos utilizadores solicitar as informações necessárias. Os SGBD também garantem a integridade dos dados na base de dados através da aplicação de restrições e da gestão de transacções. Além disso, as bases de dados também fornecem uma descrição de metadados que pode ser utilizada para ajudar a compreender os dados a extrair.

2.4.3 Extração de dados e OLAP

Existe confusão quanto à diferença entre data mining e OLAP (On Line Analytical Processing). De acordo com Han e Kamber (2006), o OLAP é definido como a síntese dinâmica, a análise e a consolidação de grandes volumes de dados multidimensionais.

O OLAP é um domínio que faz parte das ferramentas de apoio à decisão. As ferramentas tradicionais de consulta e de relatório descrevem o que se encontra numa base de dados, mas o OLAP é mais do que este tipo de atividade; é utilizado para responder à razão pela qual certas coisas são verdadeiras. O utilizador do OLAP formula uma hipótese sobre uma relação e verifica-a com uma série de consultas aos dados.

De acordo com Dunham (2000), as ferramentas OLAP podem ser classificadas como OLAP relacional (ROLAP), OLAP multidimensional (MOLAP) ou OLAP híbrido (HOLAP). Durante o MOLAP, os dados são modelados, visualizados e fisicamente armazenados numa base de dados multidimensional. As ferramentas MOLAP são suportadas por SGBD especializados e sistemas de software capazes de suportar diretamente os dados multidimensionais. Com o MOLAP, os dados são armazenados como uma matriz n-dimensional, pelo que a vista de cubo é armazenada diretamente. Embora o MOLAP tenha requisitos de armazenamento extremamente elevados, os índices são utilizados para acelerar o processamento. Por outro lado, no ROLAP os dados são armazenados numa base de dados relacional e o servidor ROLAP (middleware) cria a vista multidimensional para o utilizador. Embora as ferramentas ROLAP sejam menos complexas, são também menos eficientes. O OLAP híbrido combina as melhores caraterísticas do ROLAP e do MOLAP. As consultas são formuladas em termos multidimensionais. Os dados que não são actualizados frequentemente serão armazenados como base de dados multidimensional, enquanto os dados que são actualizados frequentemente serão armazenados como base de dados relacional.

A prospeção de dados é diferente do OLAP, porque no OLAP o utilizador deve primeiro verificar padrões hipotéticos e utilizar o OLAP e utilizar os dados como apoio, enquanto na prospeção de dados, em vez de verificar padrões hipotéticos, utiliza os próprios dados para descobrir esses padrões. Além disso, os sistemas OLAP centram-se no acesso a dados multidimensionais, enquanto os sistemas de extração de dados se ocupam da análise da influência dos dados ao longo de uma única dimensão (Two Crows Corporation 1999).

2.4.4 Extração de dados, inteligência artificial e estatística

A extração de dados tira partido dos avanços nos domínios da inteligência artificial (IA) e da estatística. Ambas as disciplinas têm estado a trabalhar em problemas de reconhecimento e classificação de padrões e deram grandes contributos para a compreensão e aplicação de redes neuronais e árvores de decisão (Two Crows Corporation 1999).

A estatística é muito útil para fornecer uma linguagem e um quadro para quantificar a incerteza, que resulta quando se tenta concluir padrões gerais a partir de uma amostra específica de uma população global. Assim, a extração de dados não substitui estas técnicas estatísticas tradicionais. Pelo contrário, é uma extensão dos métodos estatísticos que resulta, em parte, de uma grande mudança na comunidade estatística. O desenvolvimento da maioria das técnicas estatísticas baseava-se, até há pouco tempo, numa teoria elegante e em métodos analíticos que funcionavam bastante bem com as quantidades modestas de dados que estavam a ser analisados. A maior potência dos computadores e o seu menor custo, juntamente com a necessidade de analisar enormes conjuntos de dados com milhões de linhas, permitiram o desenvolvimento de novas técnicas. As técnicas estatísticas tradicionais dependem do modelador para especificar a forma funcional e as interações.

O ponto-chave é que a prospeção de dados é a aplicação destas e de outras técnicas estatísticas e de IA a problemas comerciais comuns, de forma a que estas técnicas estejam ao alcance do trabalhador qualificado, bem como do profissional com formação em estatística (Two Crows Corporation 1999).

2.5 Funcionalidade de extração de dados

Os tipos de padrões que são encontrados nas tarefas de extração de dados são especificados pelas funcionalidades de extração de dados. De um modo geral, as tarefas de extração de dados podem ser classificadas em duas categorias: descritivas e preditivas. As tarefas de extração descritiva, como a análise de associações, a análise de agrupamentos, a análise de aberrações, etc., caracterizam as propriedades gerais dos dados na base de dados, ao passo que as tarefas de extração preditiva, como a classificação e a previsão, efectuam inferências sobre os dados actuais para fazer previsões (Han e Kamber 2006).

As funcionalidades de prospeção de dados podem ser aplicadas aos clientes em todas as fases do ciclo de vida, incluindo a identificação e análise dos clientes, o acesso a novos clientes e a atualização do valor dos clientes existentes, bem como a manutenção dos clientes valiosos (Huang 2003).

2.5.1 Descrição do conceito/classe: Caracterização e discriminação

Existe uma diferença entre classe e segmentação de clientes; a classe é a entrada para encontrar o segmento de clientes. A classe, ou descrição de conceitos, é a descrição de classes ou conceitos individuais em termos resumidos, concisos e precisos. Estas descrições podem ser obtidas através da caraterização e da discriminação:

Caracterização: A caraterização dos dados é um resumo das caraterísticas gerais dos objectos de uma classe-alvo e produz o que se designa por regras caraterísticas (Han e Kamber 2006). Os dados relevantes para uma classe especificada pelo utilizador são normalmente recuperados através de uma consulta à base de dados e passam por um módulo de sumarização para extrair a essência dos dados em diferentes níveis de abstração.

Discriminação: A discriminação de dados produz o que se designa por regras de discriminação e consiste basicamente na comparação das caraterísticas gerais dos objectos entre duas classes designadas por classe alvo e classe contrastante. As técnicas utilizadas para a discriminação de dados são muito semelhantes às técnicas utilizadas para a caraterização de dados, com a exceção de que os resultados da discriminação de dados incluem medidas comparativas.

2.5.2 Análise de associação

A análise de associação consiste na descoberta das chamadas regras de associação (Witten e Frank 2005). Estuda a frequência de itens que ocorrem em conjunto em bases de dados transaccionais e, com base num limiar denominado apoio, identifica os conjuntos de itens frequentes. Outro limiar, a confiança, que é a probabilidade condicional de um item aparecer numa transação quando aparece outro item, é utilizado para localizar regras de associação. A extração de regras de associação tenta encontrar associações interessantes ou relações de correlação entre um grande conjunto de itens de dados. A análise de associação é normalmente utilizada para a análise de cabazes de compras (Bounsaythip e Rinta-Runsala 2001).

2.5.3 Classificação e previsão

Análise de classificação: - Também conhecida como classificação supervisionada, a análise de classificação é o processo de encontrar um modelo (ou função) que descreve e distingue classes de dados ou conceitos, com o objetivo de poder utilizar o modelo para prever a classe de objectos cuja etiqueta de classe é desconhecida (Han e Kamber 2006). Ao utilizar a classificação, é possível organizar os dados numa determinada classe. A classificação utiliza etiquetas de classe dadas para ordenar os objectos na recolha de dados.

As abordagens de classificação utilizam normalmente um conjunto de treino em que todos os objectos já estão associados a etiquetas de classe conhecidas. Em seguida, o algoritmo de classificação aprende com o conjunto de treino e constrói um modelo. O modelo é utilizado para classificar novos objectos. Por outras palavras, a classificação é um processo em duas etapas: primeiro, é construído um modelo de classificação com base no conjunto de dados de treino e, em seguida, o modelo é aplicado a novos dados para classificação (Huang 2003).

Previsão: - Existem dois tipos principais de previsão: previsão numérica e previsão de rótulo de classe. O primeiro tipo de previsão, que é a previsão numérica, prevê alguns valores de dados indisponíveis ou tendências pendentes, e o segundo tipo de previsão (o que está ligado à classificação) prevê um rótulo de classe para alguns dados.

A previsão tem atraído uma atenção considerável devido às potenciais implicações de uma previsão bem sucedida num contexto empresarial. Uma vez construído um modelo de classificação com base num conjunto de treino, a etiqueta da classe de um objeto pode ser prevista com base nos valores dos atributos do objeto e nos valores dos atributos das classes (Two Crows Corporation 1999). A previsão é mais frequentemente referida como a previsão de valores numéricos em falta, ou tendências de aumento/diminuição em dados relacionados com o tempo. A ideia principal da previsão é utilizar um grande número de valores passados para considerar valores futuros prováveis.

2.5.4 Análise de clusters

O agrupamento pode ser definido como o processo de agrupar um conjunto de objectos físicos ou abstractos em classes de objectos semelhantes (Han e Kamber 2006). A agregação é também designada por classificação não supervisionada, porque a classificação não é ditada/ordenada por rótulos de classe dados. Existem muitas abordagens de agrupamento, todas baseadas no princípio da maximização da semelhança entre objectos de uma mesma classe (semelhança *intra-classe*) e da minimização da semelhança entre objectos de classes diferentes (semelhança inter-classe).

O agrupamento é semelhante à classificação, mas as classes não são predefinidas e cabe ao algoritmo de agrupamento descobrir classes aceitáveis.

Muitas vezes, é necessário alterar o agrupamento, excluindo variáveis que foram utilizadas para agrupar instâncias, porque, após análise, o utilizador identifica-as como irrelevantes ou sem significado. Depois de se encontrarem clusters que segmentam razoavelmente a base de dados, estes clusters são utilizados para classificar novos dados. Alguns dos algoritmos mais comuns utilizados para efetuar o agrupamento incluem os mapas de caraterísticas de Kohonen e o K-means.

Algumas pessoas confundem a diferença entre agrupamento e segmentação; no entanto, o agrupamento é diferente da segmentação. A segmentação refere-se ao problema geral de identificação de grupos que têm caraterísticas comuns, enquanto o agrupamento é uma forma de segmentar dados em grupos que não estão previamente definidos (Two Crows Corporation 1999). O agrupamento é útil para encontrar grupos naturais de dados que são designados por clusters. Um cluster é um conjunto de dados semelhantes entre si. A agregação pode ser utilizada para agrupar clientes com comportamentos semelhantes e para tomar decisões comerciais na indústria (Huang 2003).

2.5.5 Análise de Outlier

Os outliers são elementos de dados na base de dados que não podem ser agrupados numa determinada classe ou cluster. Por outras palavras, os outliers são objectos de dados que não correspondem ao comportamento geral ou ao modelo dos dados. Os valores atípicos são também conhecidos como excepções ou surpresas, sendo frequentemente muito importantes de identificar. Embora os outliers possam ser considerados como ruído e descartados em algumas aplicações, podem produzir conhecimentos importantes noutros domínios, pelo que a sua análise é muito significativa.

2.5.6 Análise da evolução e dos desvios

A análise da evolução e do desvio é relevante para o estudo de dados relacionados com o tempo que mudam ao longo do tempo. A análise da evolução modela as tendências evolutivas dos dados, o que permite caraterizar, comparar, classificar ou agrupar dados relacionados com o tempo. A análise de desvios, por outro lado, considera as diferenças entre os valores medidos e os valores esperados, e tenta encontrar a causa dos desvios em relação aos valores previstos.

2.6 Técnicas e algoritmos de extração de dados

2.6.1 Técnica de agrupamento

O agrupamento é uma ferramenta de análise de dados que resolve problemas de classificação. O seu objetivo é distribuir casos (pessoas, objectos, eventos, etc.) em grupos, de modo a que o grau de semelhança possa ser forte entre membros do mesmo agrupamento e fraco entre membros de agrupamentos diferentes (Hajizadeh et al. 2010). No agrupamento, não há dados pré-classificados nem distinção entre variáveis independentes e dependentes. Em vez disso, os algoritmos de clustering procuram grupos de registos (os clusters compostos por registos semelhantes entre si). Os algoritmos descobrem essas semelhanças.

De acordo com Faber (1994), o agrupamento envolve a divisão de um conjunto de pontos de dados em grupos não sobrepostos, ou clusters, de pontos, em que os pontos de um cluster são mais semelhantes entre si do que aos pontos de outros clusters. Quando um conjunto de dados é agrupado, cada ponto é atribuído a um determinado agrupamento e cada agrupamento pode ser caracterizado por um único ponto de referência, normalmente uma média dos pontos no agrupamento. Qualquer divisão particular de todos os pontos de um conjunto de dados em clusters é designada por particionamento.

Os algoritmos de agrupamento são utilizados quando existe um grande conjunto de dados complexo com muitas variáveis e muitas estruturas internas. Os algoritmos de agrupamento são muitas vezes utilizados para encontrar valores atípicos ou registos que não se enquadram no modelo de previsão. Foram desenvolvidos muitos algoritmos de agrupamento, incluindo K-means (K-nearest neighbors), hierárquico, fuzzy C-means e um tipo especial de rede neural chamado Self Organized Maps (SOM) ou mapas de rede kohonen (Bounsaythip e Rinta-Runsala 2001).

2.6.1.1 O Algoritmo K-Means

O agrupamento K-means, que foi desenvolvido por MacQueen em 1967, é o algoritmo mais frequentemente citado para aplicações de bases de dados (Trappey et al. 2009). Uma vez que o algoritmo K-means é simples, é utilizado em vários domínios.

O K-means é um método de agrupamento por partição que separa os dados em K grupos mutuamente excessivos. Ao iterar esta partição, o método K-means minimiza a soma da distância de cada dado aos seus grupos. O método K-means é muito popular devido à sua capacidade de agrupar grandes quantidades de dados, bem como dados anómalos, de forma rápida e eficiente. Apesar de o algoritmo K-means ser muito sensível aos pontos de partida iniciais, o K-means gera os clusters iniciais de forma aleatória. Quando os pontos de partida iniciais aleatórios se aproximam da solução final, o K-means tem grande possibilidade de encontrar o centro do agrupamento. Caso contrário, os resultados da agregação serão incorrectos. Devido ao facto de os pontos de partida iniciais serem gerados aleatoriamente, o K-means não garante resultados de agregação únicos (Arai e Barakbah 2007).

Arai e Barakbah (2007) explicam que o método K-means é um algoritmo de agrupamento geométrico bem conhecido. Dado um conjunto de n pontos de dados, o algoritmo utiliza uma abordagem de pesquisa local para dividir os pontos em k clusters. Um conjunto de k centros de agrupamento iniciais é escolhido arbitrariamente. Cada ponto é então atribuído ao centro mais próximo, e os centros são recalculados como centros de massa dos pontos atribuídos. Isto é repetido até o processo estabilizar. No agrupamento K-means simples, não há partição de um único ponto duas vezes, pelo que é garantido que o algoritmo termina.

O agrupamento K-means gera um número específico de agrupamentos disjuntos e planos (não hierárquicos). É adequada para gerar agrupamentos globulares, especialmente para conjuntos de dados grandes ou enormes. Uma vez que os clusters K-means não são hierárquicos, não se sobrepõem. Com um grande número de variáveis, o K-means pode ser computacionalmente mais rápido do que o agrupamento hierárquico (se K for pequeno). O K-means pode produzir agrupamentos mais apertados/rígidos do que o agrupamento hierárquico, especialmente se os agrupamentos forem globulares.

2.6.1.2 Mapas auto-organizados (SOM)

O SOM, ou mapa de caraterísticas de Kohonen, é um tipo especial de arquitetura de rede que fornece um mapeamento do espaço de entrada multidimensional para uma rede regular de células de ordem inferior (normalmente grelhas bidimensionais). O SOM é importante em entradas multi-dimensionais, porque quando o conjunto de entradas é multi-dimensional, os algoritmos de agrupamento tradicionais não oferecem uma forma fácil de visualizar a proximidade de outros agrupamentos (Bounsaythip e Rinta-Runsala 2001). Este mapeamento é utilizado para identificar agrupamentos de elementos que são semelhantes no espaço original.

Ao contrário de outras abordagens de redes neuronais, a rede SOM efectua uma formação não supervisionada. A abordagem mais comum das redes neurais requer um treino supervisionado das redes, ou seja, a rede é alimentada com um conjunto de casos de treino e a saída gerada é comparada com a saída correta conhecida. A rede SOM, por outro lado, não requer o conhecimento das saídas correspondentes. Os nós da rede convergem para formar clusters que representam grupos de entidades com propriedades semelhantes. O número e a composição dos clusters podem ser determinados visualmente com base na distribuição de resultados gerada pelo processo de treinamento.

A rede SOM é normalmente uma rede neural de alimentação sem camada oculta; tem duas camadas de nós, a camada de entrada e a camada de Kohonen. A camada de entrada está totalmente ligada a uma camada de Kohonen de duas ou uma ou multidimensional. Com efeito, são criadas várias saídas e é escolhida a melhor (Dunham 2000).

2.6.2 Classificação

A classificação é um dos modelos de aprendizagem mais comuns nas técnicas de extração de dados e visa construir um modelo para prever comportamentos futuros dos clientes através da classificação dos registos da base de dados num certo número de classes predefinidas com base em determinados critérios (Ngai et al. 2009). De acordo com Dunham (2000), a classificação é vista como um mapeamento da base de dados para o conjunto de classes. As classes produzidas pela classificação são predefinidas, não se sobrepõem e dividem toda a base de dados. Existem várias técnicas de classificação, incluindo árvores de decisão e redes neuronais. As abordagens de classificação utilizam normalmente um conjunto de treino em que todos os objectos já estão associados a etiquetas de classe conhecidas. O algoritmo de classificação aprende com o conjunto de treino e constrói um modelo. O modelo é utilizado para classificar novos objectos. Este modelo pode ser utilizado tanto para compreender os dados existentes como para prever o comportamento de novas instâncias (Two Crows Corporation 1999).

Questões de classificação

De acordo com Dunham (2000), existem diferentes problemas quando se utilizam técnicas de classificação. Os mais comuns são os seguintes:

Dados em falta: Um dos problemas de classificação mais comuns são os valores de dados em falta, que causam problemas tanto na fase de formação como no próprio processo de classificação. Os valores em falta nos dados de formação têm de ser tratados e podem produzir um resultado inexato. Existem muitas abordagens para tratar os dados em falta, tais como ignorar os dados em falta, assumir um valor em falta para os dados (que pode ser determinado utilizando um método para prever qual poderia ser o valor) e assumir um valor especial para os dados em falta (o que significa que os dados em falta são considerados como um valor específico por si só).

Medição do desempenho: A outra questão das técnicas de classificação é a medição do desempenho. O desempenho dos algoritmos de classificação é normalmente examinado através da avaliação da exatidão da classificação. No entanto, como a classificação é frequentemente um problema difuso, a resposta correta pode depender do utilizador. A precisão da classificação é normalmente calculada determinando a percentagem de tuplas colocadas na classe correta.

2.6.2.1 Árvore de decisão

O algoritmo da árvore de decisão é uma técnica de indução de extração de dados que particiona recursivamente um conjunto de registos de dados utilizando uma abordagem gulosa de profundidade ou de amplitude até que todos os itens de dados pertençam a uma determinada classe (Anyanwu e Shiva n.d). As árvores de decisão são uma forma de representar uma série de regras que conduzem a uma classe ou a um valor (Two Crows Corporation 1999) e constituem uma ferramenta poderosa e popular para a classificação e a previsão. Na extração de dados, uma árvore de decisão é um modelo de previsão que pode ser utilizado para representar classificadores e modelos de regressão. As árvores de decisão são também úteis para explorar dados, a fim de conhecer as relações entre um grande número de variáveis de entrada candidatas e a variável-alvo. Uma vez que as árvores de decisão combinam a exploração de dados e a modelação, constituem um primeiro passo poderoso no processo de modelação, mesmo quando se constrói o modelo final utilizando outras técnicas. Quando uma árvore de decisão é utilizada para tarefas de classificação, é mais corretamente designada por árvore de classificação e quando é utilizada para tarefas de regressão, é designada por árvore de regressão.

O interesse das árvores de decisão deve-se ao facto de, ao contrário das redes neuronais, as árvores de decisão representarem regras. As regras podem ser facilmente expressas de modo a que os humanos as possam compreender ou mesmo utilizadas diretamente numa linguagem de acesso a bases de dados como a SQL, de modo a que os registos de uma determinada categoria possam ser recuperados.

Hajizadeh et al. (2010) também descreveram a árvore de decisão como um modelo que consiste num conjunto de regras para dividir uma grande população heterogénea em grupos mais pequenos e mais homogéneos no que diz respeito a uma determinada variável-alvo. A variável-alvo é geralmente categórica e o modelo de árvore de decisão é utilizado para calcular a probabilidade de um determinado registo pertencer a cada uma das categorias ou para classificar o registo, atribuindo-o à classe mais provável.

De acordo com Anyanwu & Shiva (n.d), a técnica de classificação por árvore de decisão tem fases de construção e de poda da árvore. A construção da árvore é uma abordagem descendente em que a árvore é recursivamente particionada até que todos os itens de dados pertençam à mesma etiqueta de classe. A fase de crescimento ou construção da árvore é um processo iterativo que envolve a divisão dos dados em subconjuntos progressivamente mais pequenos (Bounsaythip e Rinta-Runsala 2001). Os algoritmos de construção de árvores têm normalmente várias regras de paragem. Estas regras baseiam-se normalmente em vários factores, incluindo a profundidade máxima da árvore, o número mínimo de elementos num nó considerado para divisão, ou o seu equivalente próximo, o número mínimo de elementos que devem estar num novo nó (Bounsaythip e Rinta-Runsala 2001). A poda de árvores, por outro lado, é uma forma ascendente. É utilizada para melhorar a precisão da previsão e da classificação do algoritmo, minimizando o sobreajuste (ruído ou muito pormenor no conjunto de dados de treino); o sobreajuste no algoritmo da árvore de decisão resulta num erro de classificação (Dunham 2000). Existem dois métodos de poda de árvores; o primeiro tipo de poda é a pré-poda, que envolve a tentativa de decidir, durante o processo de construção da árvore, quando parar de desenvolver sub-árvores; esta técnica envolve um olhar antecipado durante a geração da árvore. O segundo tipo de poda é a pós-poda, que envolve heurísticas para determinar qual o ramo a podar ou a utilização de validação cruzada para obter uma melhor estimativa das boas podas. A substituição de sub-árvores e a elevação de sub-árvores são exemplos de métodos de pós-poda (Witten e Frank 2005).

A desvantagem de muitas técnicas de classificação, como o classificador bayesiano, é o facto de o processo de classificação ser difícil de compreender. No entanto, os seres humanos compreendem e aceitam facilmente as regras de decisão. Assim, utilizando o método da árvore de decisão, é possível tomar boas decisões, especialmente decisões que envolvem custos e riscos elevados.

2.6.2.1.1 Algoritmos de árvore de decisão

De acordo com Bounsaythip e Rinta-Runsala (2001), os algoritmos de árvores de decisão mais comummente implementados e que são adequados para técnicas de classificação incluem a deteção automática de interação qui-quadrado (CHAID), as árvores de classificação e regressão (CART), C4.5 e C5.0.

CART: - Trata-se de uma técnica que gera uma árvore de decisão binária. O CART utiliza uma divisão binária baseada nas técnicas GINI (partição recursiva motivada pela previsão estatística) e no algoritmo CART existem exatamente dois ramos a partir de cada nó não terminal. No algoritmo CART, a poda é efectuada com base na medida da complexidade da árvore.

C4.5 e C5.0: - O algoritmo de árvore de decisão C4.5 é uma melhoria do ID3 e produz uma árvore com vários ramos por nó (Dunham 2000). O número de ramos é igual ao número de categorias do preditor. O C4.5 combina várias árvores de decisão num único classificador. No C4.5, a poda é efectuada com base na taxa de erro em cada folha. O algoritmo C4.5 tem também a capacidade de lidar com dados em falta e dados contínuos. O C5.0 é uma versão comercial do C4.5. Ao contrário do C4.5, o algoritmo de precisão utilizado no C5.0 não foi divulgado.

CHAID: - Trata-se de um algoritmo de divisão multi-vias que utiliza testes de qui-quadrado (deteção de relações estatísticas complexas). O número de ramos varia entre dois e o número de categorias de preditores.

2.6.2.2 Algoritmo da rede neural

De acordo com Singh e Chauhan (2009), as redes neuronais são definidas como ferramentas estatísticas não lineares de modelação de dados que podem ser utilizadas para modelar relações complexas entre entradas e saídas ou para encontrar padrões nos dados. A abordagem das redes neuronais, tal como as árvores de decisão, exige a criação de uma estrutura gráfica para representar o modelo e, em seguida, a aplicação da estrutura aos dados (Dunham 2000). De acordo com Dunham (2000), uma rede neural pode ser vista como um gráfico dirigido com nós de origem (entrada), de destino (saída) e internos (ocultos). Os nós ocultos podem existir numa ou mais camadas ocultas. Para realizar as tarefas de extração de dados, uma tupla é introduzida através dos nós de entrada e o nó de saída determina qual é a previsão. Ao contrário da árvore de decisão, que tem apenas um nó de entrada (a raiz da árvore), uma rede neuronal tem um nó de entrada para cada valor de atributo a examinar para resolver a função de extração de dados. Ao contrário das árvores de decisão, após a classificação de uma tupla, a rede neural pode ser alterada para melhorar futuras aplicações de classificação. Embora a estrutura do gráfico não se altere, a rotulagem dos nós e das arestas pode mudar.

É possível recolher informações importantes do armazém de dados no processo de extração de dados, utilizando as redes neuronais como ferramenta. As redes neuronais são essencialmente compostas por três elementos: a arquitetura ou modelo, o algoritmo de aprendizagem e as funções de ativação. As redes neuronais são programadas ou treinadas para armazenar, reconhecer e recuperar associativamente padrões ou entradas de bases de dados; para resolver problemas de otimização combinatória; para filtrar o ruído dos dados de medição; para controlar problemas mal definidos; em suma, para estimar funções de amostragem quando é difícil conhecer a forma das funções (Singh e Chauhan 2009).

É possível aplicar com êxito as redes neuronais tanto em aplicações de aprendizagem supervisionada como não supervisionada. Nas tarefas de extração de dados, é comum utilizar métodos de redes neuronais, porque estas produzem frequentemente modelos claros e compreensíveis. Uma rede neuronal é uma técnica computacional semelhante ao funcionamento do cérebro humano. Foi concebida para imitar ou copiar a capacidade do cérebro humano para processar dados e informações e compreender ou perceber padrões. Imita a estrutura e as operações da rede tridimensional de células cerebrais (nós ou neurónios, e daí o termo "neural") (Hajizadeh et al. 2010).

A principal desvantagem da utilização de redes neuronais é o facto de serem difíceis de explicar aos utilizadores finais (ao contrário das árvores de decisão, que são fáceis de compreender), de não gerarem regras como as árvores de decisão; por conseguinte, não são derivadas regras para o modelo e, ao contrário das árvores de decisão, as redes neuronais funcionam normalmente apenas com dados numéricos (Dunham 2000).

As redes neuronais, com exceção do SOM, podem funcionar bem com dados ruidosos e com dados em que faltam alguns valores. As redes neuronais são uma boa ferramenta para previsões e classificação. Quando existem muitas caraterísticas de entrada, selecionar apenas as caraterísticas importantes para a fase de treino utilizando outros métodos (por exemplo, associações) (Bounsaythip e Rinta-Runsala 2001).

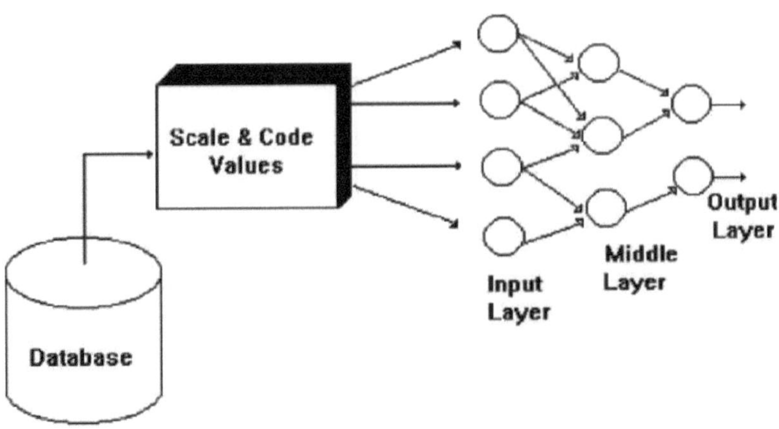

Figura 2.2 Diagrama de uma rede neuronal típica (Fonte: Rygielski et al. (2002))

2.7 Aplicações da extração de dados

A extração de dados tem muitas aplicações na redução dos custos da atividade comercial, na melhoria da rentabilidade ou na melhoria da qualidade do serviço em diferentes domínios. As áreas em que tais benefícios foram demonstrados incluem os seguros e o marketing por correio direto,

Telecomunicações, retalho, medicina, CRM e outros (Huang 2003). As aplicações de extração de dados têm-se revelado altamente eficazes na resolução de muitos problemas comerciais importantes. Cada empresa está interessada em prever o comportamento dos seus clientes através dos conhecimentos adquiridos com a extração de dados

Aplicação da extração de dados na ciência médica: Nos cuidados de saúde, a extração de dados é aplicável de muitas formas diferentes. Estas aplicações podem ser geralmente agrupadas como a avaliação da eficácia do tratamento, a gestão dos cuidados de saúde, a CRM e a deteção de fraudes e abusos (Koh e Tan n.d). O diagnóstico de doenças, os cuidados de saúde, a definição do perfil do doente e a criação de um historial, etc., são alguns exemplos de aplicações da extração de dados nas ciências médicas.

A mamografia é o método utilizado na deteção do cancro da mama. Os radiologistas enfrentam muitas dificuldades na deteção de tumores/inchaços. Os métodos assistidos por computador podem ajudar o pessoal médico e melhorar a precisão da deteção (Deshpande e Thakare 2010). As redes neurais com retropropagação e extração de regras de associação são utilizadas para a classificação de tumores em mamografias.

Koh e Tan (n.d) descrevem as aplicações da extração de dados nos cuidados de saúde do seguinte modo

> **Eficácia do tratamento:** As aplicações de extração de dados podem ser utilizadas para avaliar a eficácia dos tratamentos médicos. Ao comparar e contrastar causas, sintomas e cursos de tratamento, a extração de dados pode fornecer uma análise dos cursos de ação que se revelam eficazes (Koh e Tan n.d). Por exemplo, os resultados de grupos de pacientes tratados com diferentes regimes de medicamentos para a mesma doença ou condição podem ser comparados para determinar quais os tratamentos que funcionam melhor e são mais económicos.

> **Gestão dos cuidados de saúde:** Identificar estados de doenças crónicas e pacientes de alto risco, conceber intervenções adequadas e reduzir o número de pacientes e reclamações são exemplos de aplicações de extração de dados que ajudam a gestão dos cuidados de saúde.

> **CRM:** Embora o CRM seja uma abordagem fundamental na gestão de interações entre organizações empresariais, como bancos e retalhistas, e os seus clientes, também é importante no contexto dos cuidados de saúde. As interações com os clientes podem ocorrer através de reservas, consultórios médicos, ambientes de internamento e ambientes de cuidados ambulatórios.

> **Fraude e abuso:** As aplicações de extração de dados que tentam detetar fraudes e abusos estabelecem frequentemente normas e depois identificam padrões invulgares ou anormais de pedidos de indemnização por parte de médicos, laboratórios, clínicas ou outros (Koh e Tan n.d).

Aplicação da extração de dados no ensino à distância: A extração de dados é útil no ensino à distância para melhorar o processo de aprendizagem com base na grande quantidade de dados gerados pelos tutores e pelas interações dos estudantes com o ambiente de ensino à distância baseado na Web (Deshpande e Thakare 2010). As aplicações de extração de dados transformam os dados em informação e feedback para o ambiente de aprendizagem eletrónica. Esta solução transforma grandes quantidades de dados inúteis num sistema inteligente de monitorização e recomendação aplicado ao processo de aprendizagem.

Aplicação da extração de dados na deteção de anomalias: A deteção de anomalias na rede é muito difícil e exige uma vigilância muito apertada do tráfego de dados. A deteção de intrusões desempenha um papel essencial na segurança informática. O método de classificação da extração de dados é utilizado para classificar o tráfego de rede em tráfego normal ou tráfego anormal (Deshpande e Thakare 2010). A classificação é efectuada se um cabeçalho TCP não pertencer a nenhum dos clusters de cabeçalhos TCP existentes, então pode ser considerado uma anomalia.

Aplicação da prospeção de dados no comércio retalhista: Através da utilização de cartões de crédito com a marca da loja e de sistemas de pontos de venda, os retalhistas podem manter registos detalhados de todas as transacções comerciais. Isto permite-lhes compreender melhor os seus vários segmentos de clientes. De acordo com Rygielski et al. (2002), algumas das aplicações da prospeção de dados no sector retalhista incluem

- **Efetuar a análise do cabaz**: A análise do cabaz, também conhecida como análise de afinidade, revela quais os artigos que os clientes tendem a comprar em conjunto. Esta análise pode melhorar o stock, as estratégias de disposição da loja e as promoções.
- **Previsão de vendas:** A análise de padrões baseados no tempo ajuda os retalhistas a tomar decisões de armazenamento. É utilizado para analisar se um cliente compra um artigo hoje, quando é que é mais provável que compre um artigo complementar.

- **Marketing de bases de dados**: Os retalhistas podem desenvolver perfis de clientes com determinados comportamentos, por exemplo, os que compram vestuário de marcas de designer ou os que participam em saldos. Esta informação pode ser utilizada para direcionar promoções rentáveis.
- **Planeamento e atribuição de mercadorias**: Quando os retalhistas acrescentam novas lojas, podem melhorar o planeamento e a atribuição de mercadorias examinando padrões em lojas com caraterísticas demográficas semelhantes. Os retalhistas também podem utilizar a prospeção de dados para determinar a disposição ideal para uma loja específica.

Aplicação da extração de dados nas telecomunicações: O sector das telecomunicações foi um dos primeiros a adotar a tecnologia de extração de dados, pelo que existem muitas aplicações de extração de dados. Em geral, há três áreas de aplicação da prospeção de dados nas indústrias de telecomunicações: deteção de fraudes, marketing/perfilização de clientes e isolamento de falhas na rede.

As empresas de telecomunicações de todo o mundo enfrentam uma concorrência crescente que as obriga a comercializar agressivamente programas de preços especiais destinados a manter os clientes actuais e a atrair novos clientes. A descoberta de conhecimentos no sector das telecomunicações inclui principalmente os seguintes aspectos (Rygielski et al. 2002)

- **Análise de registos de chamadas**: As empresas de telecomunicações acumulam registos detalhados de chamadas. Ao identificar segmentos de clientes com padrões de utilização semelhantes, as empresas podem desenvolver preços atractivos e promoções de funcionalidades.
- **Fidelidade do cliente:** Alguns clientes mudam repetidamente de fornecedor, ou churn, para tirar partido de incentivos atractivos de empresas concorrentes. As empresas podem utilizar a prospeção de dados para identificar as caraterísticas dos clientes susceptíveis de se manterem fiéis uma vez e as dos que mudam

frequentemente de fornecedor, permitindo assim que as empresas orientem as suas despesas para os clientes que produzirão mais lucros.

Aplicação da extração de dados no sector bancário: De acordo com Rygielski et al. (2002), os bancos podem utilizar a descoberta de conhecimento para várias aplicações, incluindo:

> **Marketing de cartões**: Ao identificar os segmentos de clientes, os emissores e adquirentes de cartões podem melhorar a rentabilidade com programas de aquisição e retenção mais eficazes, desenvolvimento de produtos direcionados e preços personalizados.
> **Fixação de preços e rendibilidade dos titulares de cartões**: Os emissores de cartões podem tirar partido da tecnologia de prospeção de dados para fixar o preço dos seus produtos de modo a maximizar o lucro e minimizar a perda de clientes. Inclui preços baseados no risco.
> **Deteção de fraudes***:* A fraude é extremamente dispendiosa. Ao analisar transacções anteriores que mais tarde foram consideradas fraudulentas, os bancos podem identificar padrões.
> **Gestão preditiva do ciclo de vida:** A prospeção de dados ajuda os bancos a prever o valor do ciclo de vida de cada cliente e a prestar um serviço adequado a cada segmento (por exemplo, oferecendo ofertas e descontos especiais).

2.7.1 Aplicação do Data Mining para CRM

A aplicação de ferramentas de extração de dados no CRM é uma tendência emergente na economia global. Analisar e compreender os comportamentos e as caraterísticas dos clientes é a base do desenvolvimento de uma estratégia de CRM competitiva, de modo a adquirir e reter potenciais clientes e maximizar o seu valor. As ferramentas de extração de dados adequadas, que são boas na extração e identificação de informações e conhecimentos úteis a partir de enormes bases de dados de clientes, são uma das melhores ferramentas de apoio para tomar diferentes decisões de CRM (Ngai et al. 2009). Muitas organizações estão a utilizar a prospeção de dados para ajudar a gerir todas as fases do ciclo de vida do cliente, incluindo a aquisição de novos clientes, o aumento das receitas dos clientes existentes e a retenção de bons clientes (Two Crows Corporation 1999).

Identificação do cliente: A identificação de clientes, também conhecida como aquisição de clientes, é o início do CRM. O principal objetivo desta fase é identificar as pessoas com maior probabilidade de se tornarem clientes ou mais rentáveis para a empresa. Os elementos de identificação dos clientes incluem a análise dos clientes-alvo e a segmentação dos clientes. A análise do cliente-alvo implica a procura de segmentos de clientes rentáveis através da análise das caraterísticas subjacentes dos clientes, enquanto a segmentação dos clientes implica a subdivisão de toda uma base de clientes em grupos ou segmentos de clientes mais pequenos, constituídos por clientes que são relativamente semelhantes dentro de cada segmento específico.

Atração de clientes: Esta é a fase que se segue à identificação dos clientes. Depois de identificar os segmentos de potenciais clientes, as organizações podem direcionar esforços e recursos para atrair os segmentos de clientes-alvo. Um elemento de atração de clientes é o marketing direto. O marketing direto é um processo de promoção que motiva os clientes a fazerem encomendas através de vários canais.

Retenção de clientes: Esta é a preocupação central do CRM. A satisfação do cliente, que se refere à comparação das expectativas do cliente com a sua perceção de satisfação, é a condição essencial para a retenção de clientes. Como tal, os elementos de retenção de clientes incluem o marketing um-para-um, programas de fidelização e gestão de reclamações.

O marketing one-to-one refere-se a campanhas de marketing personalizadas que são apoiadas pela análise, deteção e previsão de alterações nos comportamentos dos clientes. Os programas de fidelização envolvem actividades de apoio que visam manter uma relação a longo prazo com os clientes. Especificamente, a análise do churn, a pontuação do crédito, a qualidade do serviço ou os formulários de satisfação fazem parte dos programas de fidelização.

Desenvolvimento de clientes: Trata-se de uma expansão consistente da intensidade das transacções, do valor das transacções e da rentabilidade de cada cliente. Os elementos do desenvolvimento dos clientes incluem a análise do valor do tempo de vida do cliente, a venda cruzada e a análise do cabaz de compras. A análise do valor do tempo de vida do cliente é definida como a previsão do rendimento líquido total que uma empresa pode esperar de um cliente.

Aplicação da extração de dados na segmentação de clientes: Todas as indústrias podem tirar partido da extração de dados para descobrir segmentos discretos nas suas bases de clientes, considerando variáveis adicionais para além da análise tradicional. Isto significa que, ao incorporar componentes comportamentais nas técnicas de segmentação tradicionais, as organizações podem direcionar e comercializar os clientes de forma muito mais eficaz. Os atributos comportamentais utilizados para segmentar os clientes incluem a utilização do produto, o ciclo de compra, o histórico de compras, a atividade online, a capacidade de resposta aos materiais de marketing e outros.

No estrangeiro, foram realizados trabalhos de investigação substanciais em muitas outras aplicações de extração de dados. No contexto da Etiópia, Henok (2002) e Denekew (2003) realizaram aplicações de extração de dados para CRM na Ethiopian Airlines. No caso do agrupamento, utilizaram o algoritmo K-means e, por outro lado, para a classificação, preferiram o algoritmo da árvore de decisão. A outra investigação em CRM foi efectuada por Fekadue (2004) e Melaku (2009) na Ethiopian Telecommunications Corporation; também realizaram a sua investigação utilizando técnicas de extração de dados de agrupamento e classificação. Outro estudo foi efectuado por Kumnegere (2006) na Ethiopian Shipping Lines. Também utilizou técnicas de agrupamento e classificação no seu estudo, ao mesmo tempo que selecionou os algoritmos K-means e de árvore de decisão. Tilahun (2009) também realizou uma investigação sobre a aplicação da extração de dados no sector bancário, utilizando as mesmas técnicas.

Existem também projectos de investigação realizados no estrangeiro sobre o CRM das autoridades fiscais e aduaneiras, como Mahler e Hennessey (1996), Doye (2010) e Boulding et al. (2005).

CAPÍTULO 3

GESTÃO DAS RELAÇÕES COM OS CLIENTES E SEGMENTAÇÃO DOS CLIENTES

3.1 Fidelização e gestão da relação com o cliente

3.1.1 Síntese

A gestão das relações com os clientes (CRM) tornou-se uma das principais estratégias empresariais do novo milénio. Atualmente, as empresas estão a alterar os seus modelos de processos empresariais e a criar soluções de tecnologias da informação (TI) que permitem a aquisição de novos clientes, a retenção dos existentes e a maximização do tempo de vida dos clientes.

É difícil encontrar uma definição totalmente aprovada de CRM. No entanto, existem duas abordagens para definir CRM, ou seja, na perspetiva das abordagens de gestão e de TI (Bose 2002, Wahab e Ali 2010). Na abordagem de gestão, o CRM refere-se a uma abordagem integrada para identificar, adquirir e reter clientes (Bull 2003, Bose 2002). Por outro lado, a abordagem de CRM em TI refere-se às ferramentas ou à conceção de sistemas para apoiar as actividades da estratégia de relacionamento, como a identificação, a aquisição e a retenção de clientes (Farn e Huang 2009).

O CRM é uma abordagem empresarial que visa compreender e influenciar o comportamento dos clientes através de comunicações significativas, a fim de melhorar a aquisição de clientes, a sua retenção, a sua fidelização e a sua rentabilidade (Kim et al. 2003). Ao utilizar a satisfação do cliente como um princípio do CRM, o marketing moderno promove uma orientação para o cliente (Parvatiyar e Sheth 2001). Como Trappey et al. (2009) explicaram, as empresas compreendem o valor dos clientes, visam os clientes mais rentáveis e constroem relações de alta qualidade que aumentam a fidelidade e os lucros com a ajuda do CRM; porque os elementos mais cruciais para o sucesso do CRM são a seleção dos clientes mais rentáveis e a avaliação da rentabilidade dos clientes. Além disso, as organizações estão a aperceber-se da necessidade de um conhecimento aprofundado e integrado dos clientes, a fim de estabelecerem relações estreitas de cooperação e parceria com os seus clientes (Parvatiyar e Sheth 2001).

De acordo com Parvatiyar e Sheth (2001), o CRM é a criação de um valor superior tanto para a empresa como para o cliente, através de uma estratégia e de um processo abrangentes de aquisição, retenção e parceria com clientes selectivos. Para alcançar uma maior eficiência e eficácia na entrega de valor ao cliente, o CRM envolve a integração das funções de marketing, vendas, serviço ao cliente e cadeia de abastecimento da organização.

O CRM é também visto como a estratégia de transformação das empresas para se tornarem centradas no cliente, ao mesmo tempo que aumentam as receitas e os lucros, o que constitui uma das principais estratégias empresariais actuais (Kim et al. 2003). Por conseguinte, muitas empresas apercebem-se da importância do CRM e do potencial destas técnicas para alcançar e manter uma vantagem competitiva. Para alcançar o sucesso do CRM, os executivos de negócios e de TI devem implementar processos e tecnologias de CRM e promover o comportamento dos funcionários que apoiam interações coordenadas e mais eficazes com os clientes em todos os canais (Kim et al. 2003). Por conseguinte, um dos processos mais importantes do CRM consiste em extrair informações válidas, previamente desconhecidas e compreensíveis de uma grande base de dados e utilizá-las com fins lucrativos.

O CRM é ilustrado como uma combinação de pessoas, processos e tecnologia que permite compreender as necessidades dos clientes, apoiar a estratégia empresarial e construir relações de longo prazo com os clientes (Shang e Chen n.d). Como resultado, as empresas fazem todos os esforços para oferecer o maior valor aos clientes através de uma melhor comunicação, promoções personalizadas, entrega mais rápida e produtos e serviços personalizados (Trappey et al. 2009). Para abordar eficazmente os elementos comportamentais humanos, são também necessários processos empresariais e uma cultura organizacional adequados para uma utilização bem sucedida da tecnologia integrada (Shang e Chen n.d).

O CRM é também descrito como uma estratégia empresarial centrada no cliente que integra dinamicamente as vendas, o marketing e o serviço de apoio ao cliente, a fim de criar e acrescentar valor para a empresa e os seus clientes (Chalmeta 2006). Tal como Chalmeta (2006) explicou, os sistemas de CRM tornam basicamente possível o seguinte

- O CRM permite ter uma visão integrada e única dos clientes através da utilização de ferramentas analíticas
- Gerir as relações com os clientes de uma forma única, independentemente do canal

de comunicação, como o telefone, o sítio Web, a visita pessoal, etc,

> Melhorar a eficácia e a eficiência dos processos envolvidos nas relações com os clientes.

De um modo geral, atualmente, as empresas estão cada vez mais conscientes dos muitos benefícios potenciais proporcionados pelo CRM. De acordo com Kim et al. (2003), alguns dos potenciais benefícios do CRM são os seguintes:

> Aumento da retenção e fidelização de clientes
> Maior rentabilidade para os clientes
> Criação de valor para o cliente
> Personalização de produtos e serviços
> Processos mais baixos, produtos e serviços de maior qualidade

1.1.2 Fidelidade do cliente

A importância de criar e manter a fidelidade dos clientes não é nova. É uma crença comum entre as empresas que custa mais encontrar um novo cliente do que manter e fazer crescer um cliente atual. No entanto, estudos recentes indicam que, apesar dos grandes investimentos em esforços de satisfação do cliente e em programas de recompensa, a fidelização continua a ser um objetivo intangível em quase todos os sectores (Mc Kinsey & Company 2001).

De acordo com Hwang et al. (2004), a lealdade do cliente pode ser definida como o índice em que os clientes gostariam de permanecer como clientes de uma empresa. Ou seja:

Fidelidade do cliente = 1 - Taxa de rotatividade.

Como explicaram Hwang et al. (2004), o churn descreve o número ou a percentagem de clientes regulares que abandonam a relação com um prestador de serviços. Assim, utilizando a fidelização dos clientes, é possível medir a retenção de clientes. Como explicaram Farn e Huang (2009), existem dois métodos fundamentais para reter clientes. Um consiste em melhorar a satisfação dos clientes e, em seguida, motivar a sua verdadeira lealdade atitudinal e comportamental, de modo a que os clientes não sejam desviados pela oferta da concorrência. O outro consiste em aumentar as barreiras à mudança para desencorajar os clientes de recorrerem a outros fornecedores, tais como os custos de mudança e a mudança para alternativas como desincentivos. Para reter clientes, é também essencial compreender o valor dos clientes e os clientes mais rentáveis. O nível de retenção de clientes pode ser obtido a partir da taxa de churn. É importante para o cultivo e a retenção de clientes ter em conta as taxas de churn (Hwang et al. 2004).

1.1.3 Princípios e tarefas do CRM

1.1.3.1 Princípios da CRM

De acordo com Gray e Byun (2001), a personalização, a lealdade e o valor do tempo de vida são os três princípios principais da implementação do CRM. Estes princípios têm a vantagem de melhorar a capacidade da organização para reter e adquirir clientes, maximizar o valor do tempo de vida de cada cliente e melhorar os serviços sem aumentar o custo do serviço.

Personalização (tratar o cliente individualmente): A personalização consiste em tratar os clientes individualmente, de modo a que o conteúdo e os serviços prestados ao cliente sejam concebidos com base nas preferências e no comportamento do cliente (Adomavicius e Tuzhilin 2001).

Adquirir e manter a lealdade dos clientes através de relações pessoais: Uma vez efectuada a personalização, a empresa precisa de manter relações com o cliente. Os contactos contínuos com o cliente interno podem criar a fidelidade do cliente.

Selecionar bons clientes em vez de maus clientes com base no valor do tempo de vida: Este princípio centra-se principalmente em encontrar e manter os clientes certos que geram mais lucros para a organização. De acordo com este princípio, os melhores clientes merecem mais atenção e os piores clientes devem ser abandonados.

1.1.3.2 Tarefas CRM

A abordagem do marketing de base de dados é altamente centrada na empresa; no entanto, os clientes não foram mantidos fiéis pelos programas de desconto e pelas promoções únicas que foram utilizadas nos programas de marketing de base de dados (Gray e Byun 2001). Por isso, é necessário seguir/utilizar a abordagem de CRM que é centrada no cliente, porque é melhor ganhar a lealdade do cliente numa abordagem centrada no cliente do que numa abordagem de marketing de base de dados (Gray e Byun 2001). Em vez de se basear no que a empresa pretende vender, a abordagem de CRM centrada no cliente centra-se na relação a longo prazo com os clientes, proporcionando-lhes benefícios e valores do ponto de vista do cliente. Assim, para atingir estes objectivos básicos, o CRM requer as quatro tarefas básicas seguintes (Gray e Byun 2001, Kumnegere 2006). Estas são:

Identificação do cliente: Refere-se à seleção e ou conhecimento de clientes através de canais de marketing, transacções e interações ao longo do tempo com o objetivo de servir ou fornecer valor ao cliente (Berndt et al. 2005).

Diferenciação dos clientes: Esta etapa refere-se à segmentação dos clientes em diferentes perspectivas do ponto de vista da empresa, uma vez que, do ponto de vista da empresa, cada cliente tem o seu próprio valor vitalício.

Interação com o cliente: O principal objetivo desta etapa é analisar o comportamento do cliente durante um longo período de tempo, a fim de fornecer os bens e serviços certos no momento certo, uma vez que as exigências dos clientes são sensíveis e mudam ao longo do tempo. Do ponto de vista do CRM, a rentabilidade a longo prazo do cliente e a sua relação com a empresa são importantes. Por conseguinte, a empresa precisa de aprender continuamente sobre o cliente.

Customização / Personalização: O outro objetivo do CRM é tratar cada cliente de forma única, de modo a aumentar a sua fidelidade. Através deste processo de personalização, a empresa pode também aumentar o número de clientes. A personalização é efectuada pela organização de modo a garantir que as necessidades do cliente são satisfeitas. Exige que a organização adapte o seu produto, serviço ou comunicação de forma a ter algo único para cada cliente. A comunicação pode ser customizada para atender às necessidades específicas e ao perfil do cliente, e a organização também faz uso da personalização como parte desse processo. Os produtos podem ser personalizados de acordo com os desejos específicos que o cliente tem da organização (Berndt et al. 2005).

3.2 Segmentação de clientes

3.2.1 Visão geral

A segmentação é o processo de desenvolvimento de grupos de clientes significativos que são semelhantes com base em explicações individuais, caraterísticas e comportamentos (Trappey et al. 2009). De acordo com Bounsaythip e Rinta-Runsala (2001), a segmentação também é vista como uma forma de ter uma comunicação mais direcionada com os clientes; e o processo de segmentação descreve as caraterísticas dos grupos de clientes (chamados segmentos ou clusters) dentro dos dados.

Greengrove (2002) explicou que existem duas abordagens principais de segmentação: o primeiro tipo de segmentação é o processo de segmentação dos clientes com base na compreensão das necessidades do utilizador final, a que se chama segmentação baseada nas necessidades. O segundo tipo de segmentação, a segmentação baseada nas caraterísticas, é o processo de segmentação dos clientes com base nas suas caraterísticas, atitudes ou comportamentos.

A segmentação de clientes é definida como a prática de classificar a base de clientes em grupos distintos (Farn e Huang 2009). Por outras palavras, a segmentação de clientes é também descrita como o processo de dividir os clientes em grupos homogéneos com base em atributos partilhados ou comuns (Bounsaythip e Rinta-Runsala 2001). O objetivo da segmentação é conhecer melhor o cliente e aplicar esse conhecimento para aumentar a rentabilidade, reduzir os custos operacionais e melhorar o serviço ao cliente. A segmentação pode fornecer uma visão multidimensional do cliente para uma melhor estratégia de tratamento.

Uma das tarefas mais difíceis durante a segmentação é escolher e derivar as bases e variáveis de segmentação adequadas, nas quais o processo de segmentação é efectuado e os segmentos resultantes são interpretados. Estas variáveis podem ser demográficas, geográficas, psicográficas ou comportamentais (Bounsaythip e Rinta-Runsala 2001).

Podem ser formados vários segmentos utilizando a rendibilidade dos clientes. Por exemplo, o segmento mais rentável, constituído pelos clientes com maior lucro, deve ser mantido através de um programa de fidelização e retenção. Outro segmento possível é o grupo de clientes menos rentáveis que geram mais custos do que lucros (Kim et al. 2006).

3.2.2 Aplicações da segmentação de clientes

De acordo com McGuirk (2007), a segmentação de clientes tem diferentes aplicações para uma determinada organização, que são descritas a seguir.

Tomar decisões de investimento nos clientes: A segmentação fornece um quadro que ajuda a identificar a melhor estratégia de investimento nos clientes para cada segmento específico. Para alguns segmentos, o investimento pode ser direcionado para um maior desenvolvimento das relações com os clientes, enquanto para outros segmentos o investimento é feito para introduzir novos produtos e serviços que respondam às necessidades insatisfatórias dos clientes. Em última análise, o fator-chave que orienta as decisões de investimento dos clientes é o retorno esperado desse investimento. A segmentação não só ajuda a determinar o montante a investir num segmento de clientes, mas também a forma de o gastar.

Gerir as relações com os clientes: A segmentação também fornece uma excelente estrutura para gerir as diferentes necessidades dos clientes. Podem ser desenvolvidas estratégias personalizadas de gestão e desenvolvimento de clientes para cada segmento único. Os planos de desenvolvimento devem incluir um conjunto de objectivos, metas e métricas de desempenho que derivam das oportunidades e desafios únicos presentes em cada grupo de clientes. Os planos ao nível do segmento funcionam como um roteiro estratégico, apoiando o crescimento do negócio e tentando maximizar o potencial de cada relação com o cliente.

Adaptação dos programas de marketing: É verdade que os profissionais de marketing bem sucedidos e orientados para os dados sabem como comunicar com os seus clientes no momento certo, no local certo e com a mensagem certa. As preferências e necessidades distintas dos clientes representam oportunidades e desafios únicos que podem ser explorados através da introdução de programas adaptados ou modificados para cada segmento. A composição de cada segmento de clientes e os seus comportamentos e necessidades passados e projectados devem orientar a utilização personalizada das principais alavancas de marketing para maximizar a eficácia do programa. A segmentação torna-se o foco, apoiando o desenvolvimento do programa e as actividades contínuas de teste e aprendizagem.

Orientar o desenvolvimento e a investigação de produtos: Uma solução de segmentação abrangente tem enfatizado o facto de os indivíduos terem diferentes necessidades de produtos e padrões de utilização. Os clientes de um segmento podem utilizar a carteira completa de produtos de uma empresa com bastante frequência, enquanto os clientes de outro segmento podem necessitar apenas de um único produto que é utilizado em intervalos irregulares (com pouca frequência). McGuirk (2007) explicou ainda que os segmentos que contêm clientes menos activos expõem frequentemente oportunidades para reforçar e alargar as relações com esses clientes, introduzindo produtos novos ou reembalados que satisfazem uma necessidade específica do cliente. A segmentação fornece os meios para orientar as actividades de investigação e desenvolvimento de produtos com o objetivo de estimular ainda mais a procura dos clientes.

3.2.3 Dificuldades em fazer uma boa segmentação

Como explicaram Bounsaythip e Rinta-Runsala (2001), existem diferentes factores que tornam o processo de segmentação mais complexo, tais como

Relevância e qualidade dos dados: Apenas a relevância e a boa qualidade dos dados são necessárias, porque se a empresa tiver dados inadequados ou demasiados dados sobre os clientes, isso pode levar a análises complexas e morosas. Se os dados da organização também estiverem mal organizados (diferentes formatos, diferentes sistemas de origem), também será difícil extrair informações relevantes. Além disso, se os dados dos clientes da empresa forem insuficientes, excessivos ou mal organizados, a segmentação resultante pode ser muito complicada para que a organização a implemente eficazmente.

Intuição: Embora os dados possam ser altamente informativos, os profissionais de marketing precisam de estar continuamente a desenvolver hipóteses de segmentação para identificar os dados certos para análise.

Processo contínuo: A segmentação necessita de um desenvolvimento e atualização contínuos à medida que são adquiridos novos dados sobre os clientes. Além disso, as estratégias de segmentação eficazes têm vindo a influenciar o comportamento dos clientes por elas afectados, exigindo assim a revisão e a reclassificação dos clientes.

Segmentação excessiva: A segmentação pode tornar-se demasiado pequena e/ou insuficientemente distinta para justificar o tratamento como segmentos separados.

3.3 CRM na Autoridade Tributária e Aduaneira da Etiópia

3.3.1 Visão geral

A Autoridade Tributária e Aduaneira da Etiópia (ERCA) foi criada em 14 de julho de 2008, através da fusão do Ministério das Receitas, da Autoridade Aduaneira da Etiópia e da

Autoridade Federal das Receitas Internas, anteriormente responsáveis pela obtenção de receitas para o Governo Federal e pela prevenção do contrabando. Nos termos do artigo 3.º da proclamação n.º 587/2008 da *Ethiopia Federal Negarit Gazeta*, a ERCA é considerada "uma agência federal autónoma com personalidade jurídica própria". As razões para a fusão das anteriores administrações separadas numa única autoridade autónoma são as seguintes: fornecer a base para administrações fiscais e aduaneiras modernas; reduzir ou evitar procedimentos desnecessários e redundantes que causam atrasos e são considerados ineficientes em termos de custos; tornar-se mais eficaz e eficiente na conservação e utilização de informações, na promoção da lei e da ordem, na utilização de recursos e na prestação de serviços; e transformar a eficiência do sector das receitas num nível elevado (sítio Web oficial da ERCA).

De acordo com os peritos, a nova conceção dos procedimentos fiscais e aduaneiros teve um resultado positivo e produziu efeitos benéficos tanto para a Autoridade como para os seus clientes ou partes interessadas. No entanto, para melhorar ainda mais a satisfação dos clientes e os efeitos benéficos da Autoridade, é necessário implementar um CRM moderno na organização.

Objetivo do CEEA

O CEEA tem os seguintes objectivos:

- Estabelecer ou criar um sistema moderno de avaliação e cobrança de receitas; e prestar aos clientes um serviço justo, eficiente e de qualidade
- Fazer com que os contribuintes cumpram voluntariamente as suas obrigações fiscais
- Fazer cumprir a legislação fiscal e aduaneira, prevenindo e controlando o contrabando, bem como a fraude e a evasão fiscais
- Cobrar atempada e eficazmente as receitas fiscais geradas pela economia
- Prestar o apoio necessário às regiões com vista a harmonizar os sistemas de administração fiscal federal e regional.

Visão

A visão do ERCA é a de ver "um sistema de administração fiscal e aduaneira justo e moderno que melhore a cobrança correta e eficaz de receitas".

Missão

"A ERCA deve promover o cumprimento voluntário dos contribuintes, assegurar a integridade e desenvolver as competências dos funcionários, apoiar a modernização e a harmonização do sistema de administração fiscal e aduaneira, contribuir para o desenvolvimento económico e o bem-estar social através de uma cobrança eficaz das receitas".

3.3.2 Poderes e deveres da ERCA

De acordo com a proclamação n.º 587/2008 da *Negarit Gazeta Federal da Etiópia*, a ERCA tem os poderes e as obrigações de estabelecer e aplicar um sistema moderno de avaliação e cobrança de receitas; a ERCA tem também os poderes e as obrigações de prestar serviços eficientes, equitativos e de qualidade no sector; aplicar corretamente os incentivos de isenções fiscais concedidos aos investidores e garantir que esses incentivos são utilizados para os fins previstos.

Além disso, a ERCA tem a responsabilidade de recolher e analisar as informações necessárias para o controlo das mercadorias de importação e exportação e para a avaliação e determinação dos impostos; compilar dados estatísticos sobre as infracções penais relacionadas com o sector e divulgar as informações a outros sectores respeitados. Além disso, a Autoridade presta informações e apoio adequado à Polícia Federal no controlo do tráfico ilegal de mercadorias e luta contra o contrabando; e faz com que sejam tomadas as medidas adequadas em conformidade com a lei. A ERCA também tem poderes para decidir o local onde as mercadorias de importação e exportação devem ser depositadas e estabelecidas.

3.3.3 Organização da AECI

A sede da ERCA situa-se em Adis Abeba. A ERCA é dirigida por um Diretor-Geral com a assistência de quatro Diretores-Gerais Adjuntos, nomeadamente o Diretor-Geral Adjunto para o Setor das Funções Corporativas, o Setor das Operações, o Setor da Gestão da Mudança e Apoio e o Setor da Execução. A nomeação do Diretor-Geral e dos Adjuntos é feita pelo Primeiro-Ministro do país. Na sede, a Autoridade tem 19 processos empresariais e 2 direcções, nomeadamente a Direção dos Assuntos das Mulheres e a Direção da Ética. De acordo com a proclamação n.º 587/2008 da *Negarit Gazeta Federal da Etiópia*, "processos empresariais" é definido como "uma classe ou alguma classe de fluxo de trabalho em que um grupo de actividades sérias e sucessivas é realizado passo a passo por um funcionário ou uma equipa de trabalho num único ciclo de desempenho para obter um resultado a partir dos contributos e informações externos ou internos utilizados no decurso geral do desempenho da Autoridade". As direcções e o processo empresarial da Autoridade são dirigidos por um Diretor. Entre as direcções, duas (Processo Comercial de Auditoria e Inspeção e Processo Comercial de Relações Públicas e Construção de Imagem) são responsáveis perante o Diretor-Geral, enquanto as restantes são responsáveis perante os quatro Diretores-Gerais Adjuntos.

Para além dos 19 processos empresariais e das 2 direcções ao nível da sede, a Autoridade tem 17 delegações que podem ser divididas da seguinte forma 15 sucursais localizadas num estado regional ou em administrações municipais e 2 escritórios de coordenação localizados fora da Etiópia, no porto de Djibouti e no porto de Burbera, na Somália. Cada sucursal é dirigida por um gestor que responde perante o Diretor-Geral da Autoridade.

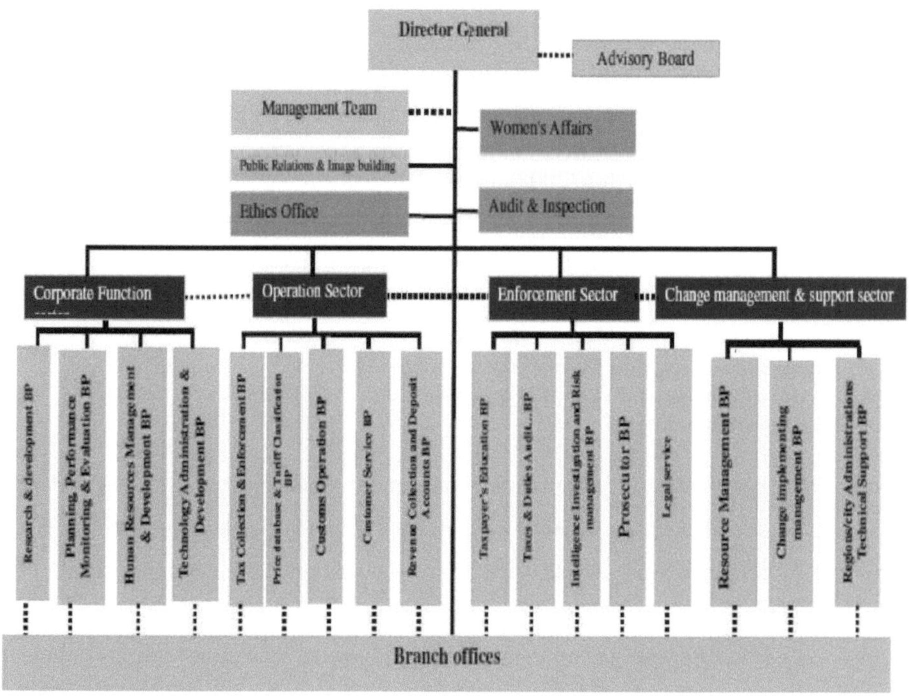

Figura 3.1 Organogramas da Autoridade Tributária e Aduaneira da Etiópia

3.3.4 Tratamento de queixas no ERCA

As reclamações dos clientes são, em primeiro lugar, uma comunicação privada entre uma empresa e um cliente que comunica a sua insatisfação sobre um determinado assunto. A reclamação do cliente é definida como a expressão da insatisfação de um cliente através de vários canais possíveis, tais como carta, correio eletrónico, telefonema, reclamação física e outros (ERGEG 2010). O tratamento das reclamações e a sua gestão em conformidade, ou seja, lidar com os clientes após uma falha de serviço, deve ser a pedra angular da estratégia de satisfação do cliente de uma organização (Johnston e Mehra 2002). O tratamento das queixas dos clientes é um instrumento fundamental para identificar o problema na via da prestação de serviços e responder adequadamente às queixas. As tarefas mais importantes dos serviços ao cliente são a conceção e a implementação de um sistema de tratamento das reclamações dos clientes, a identificação dos problemas encontrados e a proposta de soluções para esses problemas. É consensual que os clientes que fazem reclamações de vez em quando devem ser considerados como leais à organização e não como fontes de caos (ERGEG 2010). Por conseguinte, uma organização deve prestar a devida atenção a estas partes e implementar um mecanismo sistemático de tratamento conforme.

De acordo com Johnston e Mehra (2002), os objectivos de um tratamento conforme eficaz são

- Para satisfazer o cliente
- Para criar confiança e segurança
- Para evitar uma publicidade desfavorável
- Prestar um serviço justo, transparente e atempado
- Aliviar a sobrecarga do trabalho quotidiano do sistema jurídico e
- Para informar a direção

Existem diferentes técnicas de sistemas de tratamento de reclamações de clientes, tais como o tratamento de reclamações presenciais, o tratamento de reclamações por telefone e o tratamento de reclamações por escrito. Quando os contactos com os clientes são difíceis, estes devem ser contactados por telefone. Durante o tratamento das queixas dos clientes por telefone, os clientes devem encontrar facilmente o número, estabelecer um procedimento telefónico para garantir que todas as chamadas são tratadas pontualmente e formar o pessoal para ser positivo e simpático (ERGEG 2010).

A fim de melhorar a satisfação do cliente, a ERCA tenta estabelecer sistemas de tratamento compatíveis com o cliente. No entanto, para tornar o atual pensamento estratégico mais transparente e prático, a ERCA deve implementar técnicas modernas de CRM.

CAPÍTULO 4
EXPERIMENTAÇÃO

4.1 Visão geral

Este capítulo constitui a parte principal do estudo, que serviu para atingir com êxito os objectivos da investigação. Para atingir eficazmente os objectivos da investigação, é necessário seguir uma metodologia (modelo) de investigação adequada. Esta investigação segue todas as etapas fundamentais do modelo de processo KDD de Cios et al. (2000). A Figura 4.1 indica que o modelo de Cios et al. (2000) consiste num ciclo que inclui seis fases: compreensão do domínio do problema, compreensão dos dados, preparação dos dados, extração de dados, avaliação do conhecimento descoberto e utilização do conhecimento descoberto. A principal razão pela qual o investigador prefere o modelo de Cios et al. (2000) a outros modelos de extração de dados é o facto de o modelo de Cios et al. (2000) se basear em modelos académicos e industriais e realçar os aspectos iterativos; o modelo de Cios et al. (2000) tem também a vantagem de identificar e descrever vários ciclos de feedback explícitos.

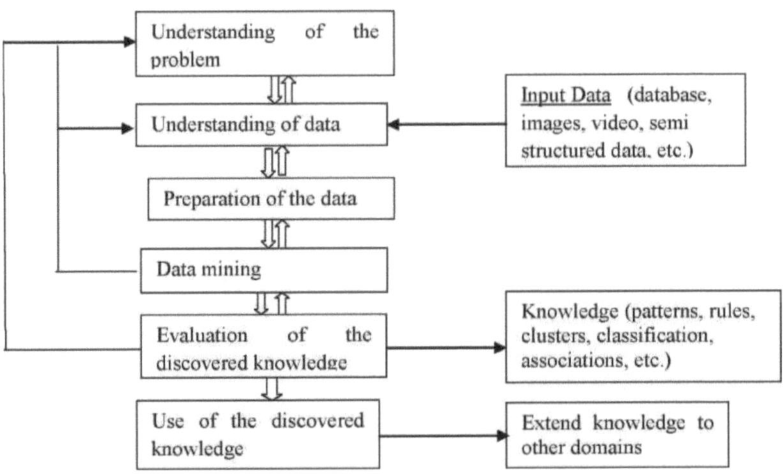

Figura 4.1 O modelo de processo de KDD em seis etapas de Cios et al. (2000)

4.2 Compreender o domínio do problema

Como se explica na secção 3.2.2, que trata principalmente da aplicação da segmentação dos clientes, é necessário implementar uma segmentação eficaz dos clientes na Autoridade, a fim de aumentar a sua rentabilidade e a satisfação dos clientes. Tal como referido na Secção 1.5, o investigador utilizou diferentes técnicas para compreender o domínio do problema desta investigação.

Com base na explicação dos peritos e na avaliação efectuada, existem diferentes tipos de clientes na Autoridade. Alguns clientes são clientes de elevado valor; estes tipos de clientes são aqueles que geram receitas substanciais para a organização através da importação de pequenas quantidades de artigos e de facturas pouco dispendiosas. Por outro lado, há também clientes que geram menos receitas para a Autoridade. Estes tipos de clientes são designados por clientes de baixo valor. Os clientes de baixo valor importam uma grande quantidade de artigos e gastam uma fatura mais elevada, mas geram menos receitas para a Autoridade; o tipo de mercadorias importadas por estes clientes de baixo valor são baratas. Os clientes de valor médio são os intermediários entre os clientes de alto e baixo valor. Assim, o principal objetivo desta investigação é distinguir os clientes de alto, médio e baixo valor com base nas receitas que geram e na transação dos dados.

4.2.1 Objectivos da exploração de dados

O primeiro objetivo da prospeção de dados para este estudo era segmentar ou agrupar os clientes em diferentes grupos com base nas suas caraterísticas, para os tratar ou tratar em conformidade. Para realizar eficazmente esta tarefa, foi necessário identificar variáveis importantes a partir do total de dados recolhidos. As variáveis identificadas foram, por sua vez, utilizadas para construir um modelo através de técnicas de agrupamento. Além disso, as variáveis identificadas foram também utilizadas para compreender melhor os clientes. As fases de preparação e análise dos dados ajudam a identificar atributos importantes que podem servir de input para a construção do modelo.

O outro objetivo da prospeção de dados para esta investigação foi a criação de um modelo de classificação utilizado para atribuir novos registos aos grupos identificados. O modelo de classificação foi efectuado utilizando as técnicas de classificação de extração de dados mais adequadas, que são as técnicas de classificação de árvores de decisão e de redes neurais, tendo sido selecionada a que apresenta melhor precisão.

4.2.2 Seleção de ferramentas de extração de dados

Encontrar e selecionar a ferramenta de extração de dados mais adequada e com melhores capacidades é uma das tarefas mais difíceis no processo de extração de dados. Para este estudo, a seleção de uma ferramenta de extração de dados adequada foi feita começando por enumerar determinados critérios. Entre os critérios utilizados para a seleção, os mais importantes foram os seguintes

- A velocidade e a qualidade da ferramenta (desempenho)
- As tarefas de extração de dados a que a ferramenta se destina (agrupamento, classificação) > O algoritmo suportado pela ferramenta (K-means, árvore de decisão, rede neural) > O número de registos que a ferramenta pode tratar
- Facilidade de utilização
- Disponibilidade da ferramenta na Internet (descarregada gratuitamente)

Tendo em conta os critérios acima referidos, o investigador encontrou diferentes ferramentas na Internet, como a Weka versão 3.6.4, a Tanagra 1.4 e a Sipina versão 3.6. Após a avaliação da ferramenta de acordo com os critérios, o investigador selecionou a versão 3.6.4 da Weka, que satisfazia mais ou menos os critérios acima referidos. A versão 3.6.4 da Weka é melhor do que as outras duas, na medida em que tem melhor desempenho do que a Tanagra e a Sipina; além disso, a Weka tem mais facilidades de pré-processamento dos dados e número de algoritmos do que as restantes.

4.3 Compreender os dados

Definido o objetivo da extração de dados, ou após a compreensão do problema a resolver e a seleção de uma ferramenta adequada, o passo seguinte foi analisar e compreender os dados dos clientes disponíveis. Assim, para satisfazer os requisitos de dados, foram inicialmente recolhidos dados sobre o comportamento dos clientes a partir da base de dados ASYCUDA da ERCA. Para o efeito, a análise dos dados e da sua estrutura foi efectuada em conjunto com o administrador da base de dados e outros peritos do domínio, avaliando a relação dos dados com o problema em questão e a tarefa específica de extração de dados foi tratada com os peritos da Autoridade. Na metodologia de Cios et al. (2000), durante a fase de compreensão dos dados, há subtarefas que são consideradas pelos utilizadores do modelo. São elas a recolha de dados iniciais, a descrição dos dados e a verificação da qualidade dos dados.

4.3.1 Recolha de dados iniciais

A primeira etapa da compreensão dos dados consiste em identificar a fonte inicial de dados que é utilizada para o processo de extração de dados. Tal como indicado anteriormente, a principal e inicial fonte de dados para esta investigação foi a base de dados ASYCUDA da ERCA. A base de dados ASYCUDA da ERCA é uma fonte de dados muito vasta e rica, porque todas as declarações de artigos de importação/exportação e outras informações pormenorizadas dos clientes se encontram na base de dados ASYCUDA da ERCA. Por exemplo, o nome do cliente/empresa, o tipo de artigo, a receita total paga, o preço do artigo, o número total de artigos importados, o montante total da fatura gasta para importar os artigos, etc., de cada cliente encontram-se nesta base de dados. O investigador recolheu toda a declaração de dois anos dos dados destes clientes, que era de cerca de 110740 registos. A responsabilidade de administrar ou controlar a base de dados ASYCUDA da ERCA é atribuída ao departamento de TI da Autoridade.

4.3.2 Descrição dos dados recolhidos

Para este estudo, o investigador recolheu dados relativos a dois anos de transacções. Uma vez que todas as transacções de mercadorias no país estão registadas na base de dados ASYCUDA, a quantidade de dados encontrada é muito grande, mas o investigador só recolheu dados selecionados. Para selecionar os dados, o investigador utilizou os meios de pré-processamento Weka, que são estratificados e removem as dobras, definindo o número de dobras como dois; e apenas foram recolhidos cerca de 46 748 registos com cerca de 8 atributos selecionados. No entanto, na base de dados ASYCUDA da ERCA existem muitas tabelas e muitos atributos. Uma amostra dos dados obtidos na recolha inicial de dados é anexada a esta investigação como **Anexo 1**.

Entre os diferentes quadros da base de dados ASYCUDA, o investigador, juntamente com os peritos no domínio, selecionou os quadros relacionados com os clientes e utilizou os seguintes quadros

TABELA SAD_GEN (Tabela de segmentos gerais do DAU): A tabela SAD_GEN contém todas as informações relacionadas com os segmentos gerais do DAU. SAD é a abreviatura de documento administrativo único.

Attribute	Data Type	Description
SAD_REG_DATE	Date	Date that the SAD was register. (registration date)
SAD_ITEM_TOTAL	Small integer	Total number of items imported
SAD_PACK_TOTAL	Char	Total number of packet
SAD_CONSIGNEE	Char	Company code
SAD_TOT_INVOICED	Decimal	Total amount of invoiced for entire declaration
SAD_TYP_DEC	Char	Type of declaration (import or export)
SAD_CTY_IDLP	Char	If the SAD is an import SAD this field indicates the country of last consignment. If the SAD is for an export declaration, then this is the field showing the country of first destination.
SAD_CUR_COD	Char	Currency code indicates that used on the invoice.
SAD_MOT_BORD	Char	Mode of transport at border.
SAD_WHS_COD	Char	If the goods are being warehoused (for re-export, later home use etc) the warehouse code is noted here.

Quadro 4.1 Atributos e descrição do quadro do segmento geral do DAU

TABELA S**AD_ITM: -** A TABELA SAD_ITM contém todos os dados relativos à declaração de artigos.

Attribute	Data Type	Description
SADITM_ITM_PRICE	Decimal	Declaration per item price
SADITM_GOODS_DESC	Char	Description of the goods
SADITM_PACK_KNDCOD	Char	The code used to identify the kind of package
SADITM_CTY_ORIGCOD	Char	Country of origin
SADITM_HS_COD	Char	Goods / commodity code
SADITM_GROSS_MASS	Decimal	Total weight of the imported item
SADITM_SUPP_UNITS	Decimal	Supplementary units
SADITM_PREV_DOC	Char	Previous document reference (for temporary import for instance)
SADITM_ITM_TOTAMT	Char	Total amount of duties and taxes for the item
SADITM_NUM	Integer	Declaration version (if the declaration is amend)

Quadro 4.2 Atributos e descrição da tabela SAD_ITEM

UNCMPTAB (Tabela de empresas): - Esta tabela regista todos os dados relacionados com as empresas/clientes. Como esta tabela não é historiada, o ASYCUDA não regista todas as alterações feitas a uma empresa, mas apenas o último valor atualizado

Attributes	Data type	Description
CMP_COD	Char	Company code
CMP_NAM	Char	Company name
CMP_ADR	Char	Company address
CMP_TEL	Char	Telephone number
CMP_FAX	Char	Fax number
CMP_TLX	Char	Telex number
LST_OPE	Char	Last operation
SER_STA	Integer	Server status number

Quadro 4.3 Atributos e descrição do quadro da empresa

CSH_GEN_CDI (Pagamento de declaração de dinheiro em tabela)

Este quadro contém informações como a referência do declarante e o número da declaração paga relativamente ao pagamento em numerário nas declarações. Este é o quadro principal para as múltiplas linhas a inserir em CSH_DEC (declaração), em CSH_TRA (outro pagamento), em CSH_MEA (meio de pagamento) e em CSH_OCC (se exportador/importador ocasional).

Attributes	Data type	Description
RCP_YEAR	Char	Year of receipt
RCP_CUO	Char	Customs office code
RCP_SERIAL	Char	Number of the serial in which the receipt is issued
RCP_NBER	Integer	Number of the receipt within the previous serial
CDI_DEC_STM	Integer	Cash declaration statement
CDI_DECLARANT	Char	Code of SAD declarant
CDI_COMPANY	Char	Code of SAD consignee or exporter
CDI_DECL_TOT	SmallInt	Number of declaration on this receipt
CDI_AMOUNT_TOTAL	Decimal	Total amount paid on this receipt
CDI_RCPT_TIME	Char	Time when the receipt was issued
CDI_TOTAL_DECL	Decimal	Total amount paid for declarations on this receipt

Quadro 4.4 Atributos e descrição do pagamento da declaração em numerário no quadro

Unctytab (tabela de países): - Este quadro contém informações sobre o país onde o artigo é importado.

Attributes	Data type	Descriptions
CTY_COD	Char	City code (ET)
CTY_DSC	Char	City description(Ethiopia)
LST_OPE	Char	City status (deleted or active)

Quadro 4.5 Atributos e descrição da tabela de países

4.3.3 Verificação da qualidade dos dados

De um modo geral, o investigador ficou satisfeito com a fiabilidade dos dados e a exaustividade dos registos. No entanto, os dados recolhidos contêm dados em falta, incompletos e irrelevantes; por exemplo, as colunas do preço do artigo e da receita total continham valores em falta ou incompletos. Assim, os pormenores das colunas das receitas e dos preços dos artigos que estavam em falta ou que continham zero foram tratados com o valor em falta ou eliminados do conjunto de dados.

4.4 Preparação dos dados

O principal objetivo da fase de preparação dos dados é torná-los mais adequados para a etapa seguinte que é a modelação (data mining no modelo de Cios et al. (2000)). A partir da recolha inicial de dados, foram efectuadas várias transformações até se encontrar o conjunto de dados final que é utilizado para a construção do modelo. No modelo de processo KDD, existem diferentes métodos de pré-processamento de dados, como a limpeza, a construção, a integração e a formatação dos dados.

4.4.1 Limpeza de dados

Durante a fase de limpeza dos dados, o investigador tentou tratar os valores em falta do atributo e remover alguns dados incompletos que não afectam todo o conjunto de dados. Do conjunto total de dados, apenas dois atributos têm valores em falta; são eles ITEM_PRICE e TOTAL_REVENUE. O investigador substituiu o valor em falta do atributo PREÇO_DO_ITEM pelo recurso de pré-processamento de substituição de valores em falta média/modo da Weka. Quando a receita total é omitida ou se torna zero, o investigador fica a saber pelo administrador da base de dados que estes tipos de artigos são importados livremente (sem qualquer tributação), pelo que o investigador descarta estas instâncias do conjunto de dados; porque estes tipos de instâncias não eram importantes para a etapa de extração de dados. O investigador também discretiza um atributo chamado SADITM_CTY_ORIGCOD; este atributo tem cerca de 80 valores e é o nome do país onde o artigo é importado ou originado. No entanto, o investigador discretiza este valor em 6, que corresponde ao seu continente de origem. O MS-Excel foi selecionado para a limpeza dos dados porque o investigador está mais familiarizado com ele.

4.4.2 Integração e transformação de dados

O método de integração de dados para recuperar campos importantes de diferentes tabelas e o método de transformação de dados, que é a construção de atributos, são efectuados no esforço de preparar os dados para as técnicas de extração de dados a utilizar nesta investigação.

Depois de selecionar diferentes campos de diferentes tabelas em conjunto com os peritos do domínio, a parte da integração, que consiste em reunir diferentes atributos de diferentes tabelas num único conjunto de dados, foi realizada em conjunto com o administrador da base de dados, utilizando comandos SQL na base de dados ASCUDA original. Os atributos foram recuperados das tabelas acima referidas, que foram mencionadas na descrição das partes recolhidas dos dados.

A maior parte dos atributos que foram utilizados para a construção dos modelos de agrupamento e classificação foram obtidos a partir das tabelas SAD_GEN e SAD_ITEM, uma vez que estas tabelas contêm os principais atributos que descrevem as caraterísticas dos artigos que são transferidos através da fronteira. Por conseguinte, muitos dos atributos, como a data de registo, o número total de artigos, o montante total da fatura, o preço dos artigos, as descrições das mercadorias e o número total da embalagem, foram obtidos a partir destas tabelas. Além disso, o investigador também derivou atributos adicionais que ajudam a tornar o processo de modelação mais eficiente. De acordo com Saarenvirta (1998), a criação de dados envolve a criação de novas variáveis através da combinação de variáveis existentes para formar rácios, diferenças, etc. REVENUE_ITEM, REVENUE_PRICE e INVOICED_REVENNUE são atributos que foram derivados dos outros atributos originais. Por conseguinte, os atributos derivados são definidos utilizando os atributos existentes da seguinte forma:

$$\text{REVENUE\_ITEM} = \frac{\text{TOTAL\_REVENUE}}{\text{TOTAL\_ITEM}}$$

$$\text{INVOICED\_REVENUE} = \frac{\text{TOTAL\_INVOICED}}{\text{TOTAL\_REVENUE}}$$

$$\text{REVENUE\_PRICE} = \frac{\text{TOTAL\_REVENUE}}{\text{ITEM\_PRICE}}$$

4.4.3 Formatação de dados

Nesta fase, o investigador altera os dados para um formato adequado à ferramenta ou aos algoritmos de extração de dados. Uma vez que o pré-processamento dos dados foi efectuado em MS-Excel, o conjunto de dados final também estava em formato MS-Excel; no entanto, a ferramenta selecionada Weka 3.6.4 não aceita os dados em formato Excel. Assim, o investigador começou por tentar converter os dados num ficheiro de texto delimitado por vírgulas (CSV) no formato ARFF (Attribute Relation File Format). O formato delimitado por vírgulas aplica-se a uma lista de registos em que os itens são separados por vírgulas, enquanto o ARFF é uma extensão de um formato de ficheiro que o software Weka pode ler. Além disso, os valores extremos e anómalos que podem induzir em erro o algoritmo K-means também foram totalmente eliminados do conjunto de dados.

4.4.4 Seleção de atributos

Após a preparação do conjunto de dados final, o passo seguinte consistiu em identificar os melhores atributos que são utilizados para a modelação de clusters. Para distinguir os atributos com elevado teor de informação, o investigador introduziu todos os atributos selecionados na ferramenta de extração de dados escolhida, o Weka 3.6.4. A tabela seguinte mostra os atributos com a sua descrição após o conjunto de dados final pré-processado. O conjunto de dados que contém estes atributos é introduzido no software de extração de dados.

Attribute	Data Type	Description
CMP_COD	Char	Company code
CMP_ADR	Char	Company address
CMP_NAM	Char	Company name
SAD_REG_DATE	Date	Date that the SAD was register. (registration date)
SAD_ITEM_TOTAL	Integer	Total number of items imported
SAD_TOT_INVOICED	Decimal	Total amount of invoiced for entire declaration
SADITM_ITM_PRICE	Decimal	Declaration per item price
SADITM_GOODS_DESC	Char	Description of the goods
SADITM_PACK_KNDCOD	Char	The code used to identify the kind of package
SADITM_CTY_ORIGCOD	Char	Country of origin
CDI_RCPT_DATE	Date	Date that the declaration was paid and the original receipt issued.
SAD_PACK_TOTAL	Char	Total number of packet
SAD_CONSIGNEE	Char	Company code
SADITM_ITM_TOTAMT	Char	Total amount of duties and taxes for the item
RCP_YEAR	Char	Year of receipt
REVENUE_ITEM	Decimal	Ratio of revenue to total number of items
REVENUE_PRICE	Decimal	Ratio of revenue to item price
INVOICE_REVENUE	Decimal	Ratio of invoice to revenue

Quadro 4.6 Atributos selecionados e respectiva descrição

Uma vez introduzidos os atributos na ferramenta de extração de dados, o investigador avaliou o conteúdo informativo dos atributos utilizando a técnica de seleção de atributos com o avaliador de atributos GainRationAttributeEval e o método de pesquisa Ranker. Assim, a ferramenta ordenou os atributos por ordem do seu rácio de ganho; por conseguinte, o investigador, juntamente com os peritos do domínio, eliminou os atributos que tinham um rácio de ganho inferior.

Para além de avaliar a relação de ganho dos atributos, o explorador Weka 3.6.4 também permite conhecer o mínimo, o máximo, a média, o desvio padrão, o tipo de dados, o número de valores em falta, o número de valores distintos e o número de valores únicos de cada atributo atualmente selecionado. É possível ver estes valores para todos os outros atributos, selecionando cada um deles um a um. Estes valores, por sua vez, permitem ao investigador, juntamente com os peritos do domínio, determinar os valores-limite de cada variável para a análise do resultado.

4.5 Extração de dados

Existem diferentes tarefas realizadas durante a fase de extração de dados, sendo as principais a seleção de técnicas de modelação e a construção de um modelo.

4.5.1 Seleção de técnicas de modelação

O principal objetivo desta investigação é segmentar eficazmente os clientes da ERCA em vários grupos em que há menos semelhanças entre segmentos/clusters, mas cujos membros são muito semelhantes. Para atingir com êxito os objectivos desta investigação, foi necessário selecionar técnicas de modelização adequadas.

A segmentação de clientes desta investigação é efectuada utilizando técnicas de extração de dados de agrupamento e classificação. Estas técnicas são selecionadas porque os problemas de segmentação são, na maior parte das vezes, realizados com recurso a estas técnicas. Além disso, as técnicas também estão bem implementadas na ferramenta de extração de dados selecionada.

No caso do agrupamento, a ferramenta selecionada suporta vários algoritmos, tais como o K-means simples, Cobweb, DBScan, Expectation Maximization (EM), FarthestFirst,

FilteredClusterer, HierarchicalClusterer, MakeDensityBasedClusterer e OPTICS. De todos estes clusters, o investigador selecionou o algoritmo K-means simples; o algoritmo K-means simples foi selecionado por ser mais adequado para lidar com atributos discretos e numéricos. Além disso, o método K-means é muito popular devido à sua capacidade de agrupar grandes quantidades de dados e valores anómalos de forma rápida e eficiente (Kanungo et al. 2002). Ao utilizar o algoritmo K-means simples, os utilizadores do algoritmo realizam diferentes actividades, como a determinação do valor de K, que é o número de segmentos/clusters. Para decidir o valor de K, é necessário consultar os peritos no domínio, porque o número de clusters escolhido deve ser determinado pelo número de clusters que a empresa pode gerir. Os peritos sugeriram que o valor de K se situasse no intervalo de 3-6. Estes quatro modelos de clusters foram avaliados em função do seu desempenho na criação de segmentos diferentes.

Para a classificação, são testadas as técnicas de classificação mais comuns, a árvore de decisão e o classificador de rede neural. Relativamente à árvore de decisão, a ferramenta selecionada contém vários algoritmos de árvore de decisão, tais como BFTree, J48, ID3, LADTree, NBTree, RandomForest, RandomTreee, etc. Destas opções, o algoritmo de árvore de decisão J48 foi selecionado porque lida com uma grande quantidade de variáveis com uma variável contínua ou discreta. Além disso, o algoritmo J48 oferece várias opções relacionadas com a poda da árvore (Han e Kamber 2006). Tal como descrito na secção 2.6.2, a poda da árvore produz menos resultados, mais facilmente interpretados, e é utilizada como uma ferramenta para corrigir um potencial sobreajuste.

O algoritmo de árvore de decisão J48 utiliza dois métodos de poda. O primeiro método de poda é conhecido como substituição de sub-árvore e o segundo tipo de poda utilizado no J48 é designado por subtree raising (Han e Kamber 2006, Witten e Frank 2005).

- Substituição de sub-árvore: - neste método de poda, os nós de uma árvore de decisão são substituídos por uma folha. Este processo começa a partir das folhas da árvore totalmente formada e vai-se deslocando para trás em direção à raiz.
- Subida de sub-árvore: - Neste tipo de poda, um nó pode ser movido para cima em direção à raiz da árvore, substituindo outros nós pelo caminho. Este tipo de poda é computacionalmente complexo

4.5.2 Conceção do teste

Antes de passar à construção efectiva do modelo, é preferível definir um guia para o processo de formação e teste. No caso do agrupamento, a instância total do conjunto de dados é utilizada para treinar o modelo de agrupamento. Por outro lado, para o modelo de classificação, o investigador utilizou tanto a validação cruzada 10 vezes como a divisão percentual. Na validação cruzada 10 vezes, os dados iniciais são divididos aleatoriamente em 10 subconjuntos ou "dobras" mutuamente exclusivos, 1, 2, 3, ..., 10, cada um com um tamanho aproximadamente igual. O treino e o teste são efectuados 10 vezes. Na primeira iteração, a primeira dobra é reservada como conjunto de teste e as restantes 9 dobras são utilizadas coletivamente para treinar o classificador; o classificador da segunda iteração é treinado nas dobras 1, 3, 4, ..., 10 e testado na segunda dobra; e assim sucessivamente (Han e Kamber 2006). No caso da divisão percentual, 70% foi utilizado para treinar o modelo, enquanto 30% do conjunto de dados foi utilizado para testar os dados.

As seguintes variáveis são utilizadas para a construção do modelo, enquanto os restantes atributos não são utilizados por serem menos importantes para a construção do modelo.

- Número total de artigos importados (SAD_ITEM_TOTAL)
- Montante total da fatura gasto para importar o item (SAD_TOTAL_INVOICED)
- Montante total das receitas geradas (TOTAL_REVENUE)
- O preço do item (ITEM_PRICE)
- Origem (continente) do artigo em que é importado (CTY_DSC)
- Rácio entre a receita total e o número total de itens (REVENUE_ITEM)
- Rácio entre a receita total e o preço do item (REVENUE_PRICE)
- Rácio entre o total facturado e o montante total das receitas geradas (INVOICED_REVENUE)

Há um atributo chamado cor do risco, que é importante para a construção do modelo, mas que não é incluído durante a seleção de atributos, porque este atributo tem três valores (verde, amarelo e vermelho), mais de 90% dos dados totais têm valor vermelho e apenas 0,9% dos dados totais têm valor verde.

4.5.3 Construção de modelos

A fase de extração de dados de construção de modelos consiste principalmente nas subsecções de modelação de clusters e de modelação de classificação.

4.5.3.1 Modelação de clusters

Uma vez selecionado o conjunto de dados final, o passo seguinte consistiu em construir os modelos de agrupamento utilizando as ferramentas de extração de dados selecionadas, a versão Weka 3.6.4. No agrupamento de dados utilizando o método K-means simples, é necessário definir o número de agrupamentos ou o valor de K, o número de tuplas de dados com que o agrupamento deve começar (tamanho da semente) e também é necessário especificar as variáveis a utilizar para construir o agrupamento. Nesta modelação de agrupamentos, toda a população do conjunto de dados (100%) é utilizada para treinar o modelo de agrupamento.

Antes de iniciar a experimentação, é importante definir os valores de limiar de cada atributo numérico do conjunto de dados, porque os valores de limiar são utilizados para interpretar o resultado do modelo agrupado. O valor do limiar foi determinado com os peritos do domínio e com a ajuda da visualização dos valores mínimo, máximo e médio da Weka para cada atributo. Assim, o valor-limite para cada atributo foi o seguinte

TOTAL_ITEM	Very High	High	Average	Low	Very Low
TOTAL_INVOICE	Very High	High	Average	Low	Very Low
ITEM_PRICE	Very High	High	Average	Low	Very Low
TOTAL_REVENUE	Very High	High	Average	Low	Very Low
REVENUE_ITEM	Very High	High	Average	Low	Very Low
INVOICE_REVENUE	Very High	High	Average	Low	Very Low
REVENUE_PRICE	Very High	High	Avarage	Low	Very Low

List of Attributes	Threshold Values				
	Very High	High	Average	Low	Very Low
1. TOTAL_ITEM (TIT)	>50	26-50	15-25.9	10-14.9	<10
2. TOTAL_INVOICE (TIV)	>200,000	151,000-200,000	110,000-150,999	45,000-109,999	<45,000
3. TOTAL_REVENUE (TRN)	>1,000,000	750,000-1,000,000	500,000-749,999	300,000-499,999	<300,000
4. REVENUE_ITEM (RIT)	>60,000	39,000-60,000	15,000-38,999	10,000-14,999	<10,000
5. INVOICE_REVENUE (IVR)	>5	4-5	2-3.9	1-1.9	<1
6. ITEM_PRICE (IPR)	>50,000	25,000-50,000	15,000-24,999	2,000-14,999	<2,000
7. REVENUE_PRICE (RPR)	>12,000	10,000-12,000	5,000-9,999	2,000-4,999	<2,000

Quadro 4.7 Lista das condições de avaliação do resultado de um agrupamento

4.5.3.1.1 Experiência 1

A primeira experiência é efectuada ajustando o número de clusters ou o valor de K= 3 e utilizando o tamanho da semente100. Durante esta experiência, todas as variáveis selecionadas foram introduzidas na execução do cluster Weka. No agrupamento, todas as variáveis foram definidas como variáveis independentes, porque o agrupamento é uma técnica de extração de dados não supervisionada. Os resultados da primeira experiência estão resumidos na tabela seguinte

Cluster distributions		
Cluster 1	Cluster 2	Cluster 3
6544(14%)	38992(83%)	1212(3%)

Tabela 4.8 Distribuições de clusters com número de iterações 4 e soma dos erros quadrados 5199,169

Durante o tamanho de semente predefinido (semente=10), o número total de instâncias não foi distribuído de forma justa, o que significa que a soma de todo o cluster foi de 99%, mas quando o número de semente foi definido para 100, a distribuição das instâncias melhorou significativamente. Além disso, o número de iterações e a soma dos erros quadrados também foram minimizados. Quando o tamanho da semente é 10, o número de iterações e a soma dos erros ao quadrado são 22 e 9409,92, respetivamente. No entanto, se o tamanho da semente for fixado em 100, o número de iterações é de 4 e a soma dos erros quadráticos é de 5199,169.

Conforme descrito na Tabela 4.8, a maioria dos clientes foi agrupada no segundo cluster. Do total de (46748) clientes, 38992 (83%) estão agrupados neste cluster. O primeiro cluster contém o segundo maior número de clientes, ou seja, é constituído por 6544 (14%) clientes e o terceiro cluster contém o menor número de clientes, que são apenas 1212 (3%).

Numa tentativa de melhorar a distribuição de dados dos segmentos, foram experimentados diferentes valores de sementes. Mas, o valor da semente a 100 dá uma melhor distribuição de dados nos segmentos. O valor ótimo da semente foi obtido após um certo número de experiências.

As seguintes abreviaturas são utilizadas na interpretação da modelação de clusters

Attributes of the dataset with their description		**Abbreviated terms used in the cluster interpretation**	
Abbreviated attributes	Description	Abbreviated words	Description
TIT	Total number of items imported	VH	Very High
TIV	Total amount of invoice spent	H	High
TRN	Total amount of revenue generated	A	Average
RIT	Ratio of revenue per total number of items	L	Low
IVR	Ratio of invoiced per revenue generated	VL	Very Low
RPR	Ratio of revenue generated per item price	AS	Asia
IPR	The price of the item	EU	Europe
		AM	America
		LA	Latin America
		AF	Africa
		AU	Australia

Tabela 4.9Lista de palavras e atributos abreviados do conjunto de dados, juntamente com a sua descrição

Segmentation (K=3, Seed=100)									
Cluster No.	**Distribution of instances (in %)**	**TIT**	**TIV**	**TRN**	**RIT**	**IVR**	**RPR**	**IPR**	**City**
1	6544 (14%)	13.33	74041.98	639766.33	69301.05	1.81	5025.53	20555.43	EU
2	38992 (83%)	12.58	105916.33	879519.78	35285.70	2.53	6414.65	32368.00	AS
3	1212 (3%)	15.83	152172.10	555970.81	33285.87	7.02	5414.98	27767.38	AM
Total	**46748 (100%)**								
Cluster No.	**Distribution of instances (in %)**								
1	6544 (14%)	L	L	A	VH	L	A	A	
2	38992 (83%)	L	L	H	A	A	A	H	
3	1212 (3%)	A	H	A	A	VH	A	H	
Total	**46748 (100%)**								

Tabela 4.10 Resultado de agrupamento da primeira experiência

A Tabela 4.10 mostra o mapeamento do valor médio dos atributos de cada segmento com o valor discreto correspondente. Este mapeamento é utilizado para comparar os segmentos que são gerados a partir do algoritmo de agrupamento.

Uma vez que o valor médio de cada atributo em cada cluster tenha sido substituído pelo valor discreto correspondente, o próximo passo é descrever cada cluster de acordo com a tabela acima.

Cluster 1:- O Cluster Um da primeira experiência contém clientes que importam uma pequena quantidade do número total de artigos e clientes que gastam uma quantidade reduzida de facturas. Os clientes agrupados neste cluster geraram um montante médio de receitas; e o rácio de receitas totais por número total de artigos foi muito elevado. No entanto, o rácio da faturação total com a receita total gerada foi baixo; por outro lado, o rácio da receita gerada com o preço do artigo e o preço do artigo importado pelos clientes que se agrupam neste cluster tem um valor médio. Os artigos deste cluster foram importados de países europeus.

Cluster 2: - O segundo cluster também inclui os clientes que importam um número inferior de artigos e os clientes que gastam um montante reduzido de facturas. Este grupo é constituído por clientes que geram um elevado volume de receitas. O rácio da receita total por quantidade total de artigos, o rácio da faturação total por receita total gerada e o rácio da receita total gerada pelo preço do artigo eram médios. Os clientes que se agruparam neste cluster importaram artigos de preço elevado. Este grupo de clientes importou os seus artigos de países asiáticos.

Cluster 3:- O último cluster da primeira experiência engloba os clientes que importam um número médio de artigos e que gastam um montante elevado de facturas. As receitas geradas pelos clientes deste cluster foram médias. O rácio entre a receita total gerada e o número total de artigos e o rácio entre a receita total gerada e o preço do artigo foram médios. Por outro lado, o rácio entre o total das facturas e o total das receitas geradas foi muito elevado. O preço do artigo agrupado neste cluster era elevado. O agrupamento contém artigos que foram importados da América do Norte.

Tal como referido no entendimento comercial do Órgão de Fiscalização, os clientes de elevado valor são os clientes que geram um elevado montante de receitas através da importação de um pequeno número de artigos e gastam um montante inferior da fatura. Por outro lado, os clientes de baixo valor eram os clientes que geram um montante de receitas inferior importando um grande número de artigos e gastando um montante de fatura mais elevado.

Tendo em conta os factos acima referidos da empresa, cada cluster foi atribuído pela seguinte ordem de classificação.

Cluster No.	Possible Rank
Cluster 1	2
Cluster 2	1
Cluster 3	3

Tabela 4.11 Classificação dos grupos para a primeira experiência

Como se pode ver claramente na Tabela 4.11, o segundo cluster ocupa o primeiro lugar. Isto deve-se ao facto de os clientes deste cluster importarem uma menor quantidade de artigos, gastarem uma fatura mais baixa e gerarem um montante elevado de receitas para a Autoridade. Além disso, o rácio entre a receita total e o número total de artigos, o rácio entre a fatura e a receita total gerada e o rácio entre a receita gerada e o preço do artigo são médios. Para este segmento, o preço do artigo era elevado.

O primeiro grupo ocupa o segundo lugar; os clientes deste segmento geram um montante médio de receitas para o Órgão de Fiscalização, importando um pequeno número de artigos. Além disso, as facturas gastas pelos clientes deste segmento também foram baixas. O rácio entre a receita total e o número total de artigos foi muito elevado, enquanto o rácio entre a receita total e o preço do artigo foi médio. Mais uma vez, o rácio entre o total das facturas e o total das receitas geradas foi baixo e o preço do artigo foi médio.

O cluster três está classificado em último lugar, porque, embora os clientes deste cluster gerem um montante médio de receitas, o número total de artigos importados também foi médio. Os clientes deste segmento também gastaram um montante elevado de faturação. Além disso, o rácio da receita total em relação ao número total de artigos e o rácio da faturação total em relação à receita total gerada foram médios e muito elevados, respetivamente.

Por conseguinte, os clientes do segundo grupo eram clientes de elevado valor, porque geram receitas elevadas importando um pequeno número de artigos e gastando uma fatura mais baixa. No entanto, os clientes classificados no cluster três eram clientes de baixo valor, porque os clientes deste cluster gastavam um montante elevado de facturas e geravam um montante médio de receitas a partir de um número médio de artigos.

4.5.3.1.2 Experiência 2

A segunda experiência de modelo de agrupamento é efectuada definindo o valor de K=4 e o tamanho da semente=1000. Quando o tamanho de semente predefinido (semente=10) foi utilizado, o número total de instâncias não foi corretamente distribuído. O resultado da segunda experiência é apresentado na tabela seguinte.

Segmentation (K=4, Seed=1000)									
Cluster No.	**Distribution of instances (in %)**	**TIT**	**TIV**	**TRN**	**RIT**	**IVR**	**RPR**	**IPR**	**City**
1	6651 (14%)	13.40	73379.33	640087.27	68448.49	1.78	5031.43	20372.4	EU
2	9263 (20%)	10.35	138122.13	1800030.56	75083.10	0.08	12172.93	58714.05	AS
3	18790 (40%)	14.13	128316.08	327627.05	14652.31	5.64	3465.22	27325.13	AS
4	12044 (26%)	12.15	51504.68	1001966.74	36835.44	0.05	6495.89	19715.84	AS
Total	**46748 (100%)**								
Cluster No.	**Distribution of instances (in %)**								
1	6651 (14%)	L	L	A	VH	L	A	A	
2	9263 (20%)	L	A	VH	VH	VL	VH	VH	
3	18790 (40%)	L	A	L	L	VH	L	H	
4	12044 (26%)	L	L	VH	A	VL	A	A	
Total	**46748 (100%)**								

Tabela 4.12 Resultado de agrupamento da segunda experiência

Na segunda experiência, foram formados quatro segmentos, mas estes quatro segmentos não continham o mesmo número de clientes. A maioria dos clientes está agrupada no Grupo 3, ou seja, 18790 clientes em 46748. O grupo 4 é o segundo maior grupo (12044 em 46748), o grupo 2 é o terceiro (9263 em 46748) e o grupo 1 é o que contém o menor número de clientes (6651 em 46748).

Cluster 1: - Este cluster é constituído por clientes que importaram um baixo número de artigos, gastaram um baixo montante de faturação, geraram um montante médio de receitas, importaram artigos que têm um preço médio, o rácio de receitas em relação ao número total de artigos foi muito elevado, o rácio de faturação em relação ao número total de artigos foi baixo, o rácio de receitas totais em relação ao preço dos artigos foi médio e os artigos eram originários de países europeus.

Cluster 2: - O segundo cluster é constituído por clientes que importaram um pequeno número de artigos, gastaram uma fatura total média, geraram uma receita muito elevada, tiveram um rácio muito elevado entre a receita total e o número total de artigos, tiveram um rácio muito baixo entre a fatura total e a receita total, tiveram um rácio muito elevado entre a receita total e o preço do artigo, tiveram um preço do artigo muito elevado e artigos originários de países asiáticos.

Cluster 3: - O terceiro segmento inclui os clientes que importaram um pequeno número de artigos, gastaram uma fatura média, geraram uma receita baixa, tiveram um rácio baixo entre a receita total e o número total de artigos, tiveram um rácio muito elevado entre a fatura total e a receita total, tiveram um rácio baixo entre a receita total e o preço do artigo, tiveram um preço elevado do artigo e os artigos foram importados de países asiáticos.

Cluster 4: - O último cluster é constituído por clientes que importaram um pequeno número de artigos, gastaram um número reduzido de facturas, geraram um montante muito elevado de receitas, tiveram um rácio médio entre o montante total das receitas e o número total de artigos, tiveram um rácio muito baixo entre o total das facturas e o montante total das receitas geradas, tiveram um rácio médio entre as receitas totais e o preço dos artigos, tiveram um preço médio dos artigos e artigos importados de países asiáticos.

A classificação da segunda experiência é apresentada no quadro seguinte.

Cluster No.	Possible Rank
1	3
2	2
3	4
4	1

Tabela 4.13 Classificação dos grupos para a segunda experiência

Como se pode ver na Tabela 4.13, o Cluster 4 está em primeiro lugar, uma vez que os clientes deste cluster geraram um montante muito elevado de receitas importando um pequeno número de artigos e gastando uma fatura baixa. Este segmento é constituído por um rácio médio entre a receita total e o número total de artigos, um rácio muito baixo entre a fatura e a receita total, um rácio médio entre a receita total e o preço dos artigos e um preço médio dos artigos. Os artigos do quarto segmento são importados de países asiáticos. Os clientes do segundo segmento estão em segundo lugar, pois geram receitas muito elevadas importando um pequeno número de artigos e gastando um montante médio de faturação. O rácio entre a receita total e o número total de artigos e o rácio entre a fatura total e a receita total foram muito elevados e muito baixos, respetivamente. O rácio entre a receita total e o preço do artigo e o preço do artigo eram muito elevados. O segundo grupo também é constituído por artigos importados de países asiáticos. O primeiro grupo está classificado em terceiro lugar porque este grupo incluía clientes que geravam um montante médio de receitas importando um pequeno número de artigos e gastando um montante baixo de receitas. O rácio entre a receita total e o número total de artigos era muito elevado. Por outro lado, o rácio entre o total das facturas e o total das receitas geradas foi baixo. O rácio entre a receita total e o preço do artigo e o preço do artigo para este agrupamento foi médio. O terceiro segmento está classificado em último lugar, porque os clientes deste cluster geraram um baixo montante de receitas, fornecendo um montante médio de facturas e trazendo um pequeno número de artigos. O rácio entre a receita total e o número total de artigos foi baixo e o rácio entre a fatura total e o montante total de receitas geradas foi muito elevado. O rácio entre a receita total e o preço do artigo e o preço do artigo era baixo e elevado, respetivamente. Os artigos deste grupo eram originários de países asiáticos.

4.5.3.1.3 Experiência 3

Para obter o melhor agrupamento, o investigador tentou diferentes experiências, variando o número de agrupamentos (o valor de K) e o tamanho da semente. Assim, o investigador continuou com a terceira experiência, definindo o valor de K=5 e utilizando o tamanho predefinido da semente, que é 10. O resultado da Weka da terceira experiência é apresentado na tabela seguinte.

Segmentation (K=5, Seed=10)									
Cluster No.	**stribution of instances (in %)**	**TIT**	**TIV**	**TRN**	**RIT**	**IVR**	**RPR**	**IPR**	**City**
1	17640 (38%)	11.23	132532.47	319067.19	15308.78	5.97	2985.01	28946.29	AS
2	9210 (20%)	9.52	138128.41	1797414.48	75515.58	0.08	12241.55	59053.13	AS
3	11746 (25%)	9.97	50533.09	994265.18	38099.33	0.05	6205.96	20326.46	AS
4	1486 (3%)	70.51	71479.32	694342.74	852.17	0.36	11953.49	1096.22	AS
5	6666 (14%)	13.37	73362.92	639324.67	68314.16	1.73	5027.24	20310.03	EU
Total	46748 (100%)								
Cluster No.	**Distribution of instances (in %)**								
1	17640 (38%)	L	A	L	A	VH	L	H	
2	9210 (20%)	VL	A	VH	VH	VL	VH	VH	
3	11746 (25%)	VL	L	H	A	VL	A	A	
4	1486 (3%)	VH	L	A	VL	VL	H	L	
5	6666 (14%)	L	L	A	VH	L	A	A	
Total	**46748 (100%)**								

Tabela 4.14 Resultado de agrupamento da terceira experiência

Cluster 1: - Os clientes agrupados neste segmento geraram um baixo montante de receitas, importando um pequeno número de artigos e gastando um montante médio de faturação. O rácio entre a receita total e o número total de artigos era médio, o rácio entre a faturação total e o montante total da receita era muito elevado, o rácio entre a receita total e o preço do artigo era baixo, o preço do artigo era elevado e este grupo era constituído por artigos importados de países asiáticos.

Cluster 2: - O segundo cluster é constituído por clientes que geraram um montante muito elevado de receitas importando um número muito reduzido de artigos e gastando um montante médio de faturação. O rácio entre a receita total e o número total de artigos e o rácio entre a receita total e o preço do artigo eram muito elevados. O rácio entre a fatura total e a receita total foi muito baixo; o preço do artigo agrupado neste cluster foi muito elevado. Este agrupamento contém artigos originários de países asiáticos.

Cluster 3: - Este segmento detém clientes que geraram um elevado montante de receitas importando um número muito reduzido de artigos e gastando um baixo montante de faturação. O rácio das receitas em relação ao número total de artigos foi médio; o rácio da faturação total em relação ao montante total das receitas geradas foi muito baixo; o rácio das receitas totais em relação ao preço dos artigos e o preço dos artigos foram médios. Este agrupamento também inclui artigos importados de países asiáticos.

Cluster 4: - O quarto segmento desta experiência é constituído por clientes que geraram um montante médio de receitas importando um número muito elevado de artigos e gastando um montante reduzido de facturas. O rácio entre a receita total e o número total de artigos e o rácio entre a fatura e a receita eram muito baixos; o rácio entre a receita e o preço do artigo era elevado; o preço do artigo agrupado neste grupo era baixo e este grupo contém artigos importados de países asiáticos.

Cluster 5: - O último cluster desta experiência é constituído por clientes que geraram um montante médio de receitas, importando um número inferior de artigos e gastando um montante inferior de facturas. O rácio entre a receita total e o número total de artigos foi muito elevado; o rácio entre a fatura total e o montante total de receitas geradas foi baixo; o rácio entre a receita total e o preço do artigo e o preço do artigo foram médios. Este segmento contém artigos que foram importados de países europeus.

Com base nos factos do problema comercial da Autoridade, os grupos acima referidos são classificados pela seguinte ordem

Cluster No.	Possible Rank
1	5
2	1
3	2
4	4
5	3

Tabela 4.15 Classificação dos grupos para a terceira experiência

Os clientes do cluster 2 são classificados em primeiro lugar porque este grupo de clientes gerou um montante muito elevado de receitas importando um número muito reduzido de artigos e gastando um montante médio de facturas. Além disso, tanto o rácio das receitas em relação ao número total de artigos como o rácio das receitas em relação ao preço dos artigos eram muito elevados. Para este segmento, o rácio entre o total das facturas e o total das receitas geradas também era muito baixo. Assim, os clientes do segundo segmento eram clientes de elevado valor. Os clientes do terceiro segmento estão classificados em segundo lugar; os clientes deste segmento geraram um elevado montante de receitas importando um número muito reduzido de artigos e gastando um montante reduzido de facturas. O rácio das receitas em relação ao número total de artigos e o rácio das receitas em relação ao preço dos artigos eram médios. O rácio entre o total das facturas e o montante total das receitas geradas foi muito baixo. Este segmento é constituído por clientes que importaram artigos de preço médio. O cluster 5 ocupa a terceira posição; este segmento engloba os clientes que geraram um montante médio de receitas importando um pequeno número de artigos e gastando um montante baixo de facturas. O rácio da receita total em relação ao número total de artigos e o rácio da faturação total em relação ao montante total de receitas geradas foram muito elevados e baixos, respetivamente. O rácio entre a receita total e o preço do artigo e o preço do artigo eram médios. O cluster 4 ocupa a quarta posição; este cluster é constituído por clientes que geraram um montante médio de receitas importando um número muito elevado de artigos e gastando um montante baixo de facturas. Para este grupo, o rácio das receitas em relação ao número total de artigos e o rácio da fatura em relação ao montante total das receitas geradas foram muito baixos, mas o rácio das receitas totais em relação ao preço do artigo é elevado, o que significa que os tipos de artigos importados por este grupo de clientes eram artigos de baixo preço.

O cluster 1 está classificado em último lugar porque os clientes deste segmento geraram um baixo montante de receitas. Apesar de os clientes deste grupo terem importado uma quantidade reduzida de artigos, gastaram um montante médio de faturação. Assim, de acordo com o problema comercial, os clientes do primeiro segmento são clientes de baixo valor, enquanto os clientes do Cluster 2 são considerados clientes de alto valor.

1.1.1.1.4 Experiência 4

A quarta experiência é continuada ajustando o número de clusters ou o valor de K=6 e utilizando o tamanho de semente predefinido que é 10. O resultado da Weka da quarta experiência tem o seguinte aspeto

segmentation (K=6, Seed=10)									
Cluster No.	**Distribution of instances (in %)**	**TIT**	**TIV**	**TRN**	**RIT**	**IVR**	**RPR**	**IPR**	**City**
1	13854 (30%)	12.10	157070.73	243884.97	13300.12	7.59	2276.08	33073.11	AS
2	6662 (14%)	8.84	104125.23	1908117.51	82442.08	0.06	13668.66	72714.90	AS
3	10740 (23%)	10.84	47558.55	729263.28	30509.01	0.07	5426.38	18969.74	AS
4	1120 (2%)	78.36	75492.02	795137.70	929.30	0.36	12229.10	994.73	AS
5	6610 (14%)	13.45	73674.61	638412.01	68930.34	1.79	5036.62	20336.02	EU
6	7762 (17%)	9.94	109094.76	1303954.71	45333.99	0.08	7950.09	19114.95	AS
Total	**46748 (100%)**								
Cluster No.	**Distribution of instances (in %)**								
1	13854 (30%)	L	H	VL	L	VH	L	H	
2	6662 (14%)	VL	L	VH	VH	VL	VH	VH	
3	10740 (23%)	L	L	A	A	VL	A	A	
4	1120 (2%)	VH	L	H	VL	VL	VH	VL	
5	6610 (14%)	L	L	A	VH	L	A	A	
6	7762 (17%)	VL	L	VH	H	VL	A	A	
Total	**46748 (100%)**								

Tabela 4.16 Resultado de agrupamento da quarta experiência

Agregado 1: - O primeiro agregado da última experiência é constituído por um pequeno número de artigos, um montante elevado de facturas, um montante muito baixo de receitas, um rácio baixo de receitas em relação ao número total de artigos, um rácio muito elevado de facturas em relação às receitas, um rácio baixo de receitas em relação ao preço do artigo, um montante elevado de preço do artigo e artigos originários de países asiáticos.

Cluster 2: - O segundo segmento desta experiência engloba um número muito baixo de artigos, um montante baixo de facturas, um montante muito elevado de receitas, um rácio muito elevado de receitas em relação ao número total de artigos, um rácio muito baixo de facturas em relação às receitas, um rácio muito elevado de receitas em relação ao preço dos artigos, um preço muito elevado dos artigos e artigos importados de países asiáticos.

Agregado 3: - Este agregado é constituído por um pequeno número de artigos, um baixo montante de faturação, um montante médio de receitas, um montante médio de rácio de receitas em relação ao número total de artigos, um montante muito baixo de rácio de faturação em relação às receitas, um montante médio de rácio de receitas em relação ao preço do artigo, um montante médio de preço do artigo e artigos originários de países asiáticos.

Agregado 4: - O quarto segmento contém um número muito elevado de artigos, um montante baixo de facturas, um montante elevado de receitas, um rácio muito baixo de receitas em relação ao número total de artigos, um rácio muito baixo de facturas em relação às receitas, um rácio muito elevado de receitas em relação ao preço dos artigos, um preço muito baixo dos artigos e artigos originários de países asiáticos.

Cluster 5: - O quinto cluster é constituído por um número reduzido de artigos, um montante reduzido de facturas, um montante médio de receitas, um rácio muito elevado de receitas em relação ao número total de artigos, um rácio reduzido de facturas em relação às receitas, um rácio médio de receitas em relação ao preço do artigo, um montante médio de preço do artigo e artigos originários de países europeus.

Agrupamento 6: - O último agrupamento desta experiência é constituído por um número muito baixo de artigos, um montante baixo de facturas, um montante muito elevado de receitas, um rácio elevado de receitas em relação ao número total de artigos, um rácio muito baixo de facturas em relação às receitas, um rácio médio de receitas em relação ao preço dos artigos, um preço médio dos artigos e artigos importados de países asiáticos.

Com base na descrição supra e nos problemas económicos da Autoridade, os agrupamentos supramencionados são classificados pela seguinte ordem

Cluster No.	Possible Rank
1	6
2	1
3	3
4	5
5	4
6	2

Tabela 4.17 Classificação dos grupos para a quarta experiência

O segundo cluster gerou um montante muito elevado de receitas, um montante muito elevado de receitas por número total de artigos e um montante muito elevado de receitas por preço de artigo. Uma vez que o preço dos artigos era muito elevado, os clientes do segundo cluster importam um número muito reduzido de artigos, gastando um montante reduzido da fatura; por conseguinte, este cluster ocupa a primeira posição. O sexto cluster ocupou a segunda posição, porque também gerou um montante muito elevado de receitas, um montante elevado de receitas por número total de artigos e um montante médio de receitas por preço de artigo. Os clientes deste agrupamento importaram uma quantidade muito baixa de artigos, gastando uma quantidade baixa de facturas. O preço do artigo agrupado neste segmento era médio. Assim, os clientes do grupo 2 são clientes de elevado valor. Os clientes dos clusters 6, 3, 5 e 4 ocupam a posição seguinte, sendo geralmente constituídos por clientes de valor médio. O primeiro segmento ocupou a última posição, porque este grupo gerou um montante muito baixo de receitas, gastando um montante elevado de facturas e importando um pequeno número de artigos. O rácio de receitas por número total de artigos também era baixo.

4.5.3.1.5 Escolher o melhor modelo de agrupamento

Para obter a melhor segmentação dos clientes, foram efectuadas quatro experiências de modelação de clusters, variando o número de clusters ou o valor de K (3, 4, 5 e 6) e utilizando diferentes tamanhos de sementes. Embora tenham sido efectuadas várias experiências com diferentes tamanhos de semente, apenas é relatado o tamanho de semente que resultou numa distribuição justa dos segmentos.

A partir das quatro experiências, os melhores agrupamentos são selecionados tendo em conta o resultado dos agrupamentos, que contém uma menor semelhança inter-agrupamentos e uma elevada semelhança intra-agrupamentos. Além disso, a soma dos erros quadrados dentro do agrupamento e a opinião dos peritos do domínio também foram tidas em consideração. De todas as experiências acima referidas, a Experiência 3 (K=5) e a Experiência 4 (k=6) apresentam um número relativamente pequeno de erros quadrados na soma dos erros dentro do agregado. Além disso, os grupos têm uma boa distribuição das instâncias. A partir destes dois clusters, os peritos do domínio escolhem a terceira experiência (K=5); isto porque os peritos justificaram que a quarta experiência não criou clusters diferentes; os peritos esclareceram ainda que, na quarta experiência, os clientes do Cluster 2 e do Cluster 6, bem como do Cluster 3 e do Cluster 5, eram clientes semelhantes. Assim, de acordo com os peritos, a terceira experiência (K=5) é o melhor modelo de clusters de entre os outros modelos experimentados nesta investigação.

4.5.3.2 Modelação da classificação

Tal como descrito na secção 2.6.2, a classificação é um modelo de aprendizagem em técnicas de extração de dados que visa construir um modelo para prever comportamentos futuros dos clientes através da classificação dos registos da base de dados num certo número de classes predefinidas com base em determinados critérios. Neste estudo, foram testadas as técnicas de classificação mais comuns, como as técnicas de classificação por árvore de decisão e por rede neural; para a árvore de decisão foi utilizado o algoritmo J48 e para a rede neural o algoritmo MultilayerPerceptron.

4.5.3.2.1 Construção do modelo de árvore de decisão

A saída do modelo de agrupamento selecionado foi introduzida no algoritmo de árvore de decisão J48. Neste caso, o índice de clusters é utilizado como variável dependente, enquanto os restantes atributos selecionados para a construção do modelo de clusters são introduzidos como variáveis independentes. A árvore de decisão J48 forneceu um modelo de classificação descritivo dos clusters, permitindo assim a exploração e a deteção das caraterísticas de cada cluster.

Durante a geração de um modelo de classificação, foram investigadas as duas opções, a validação cruzada 10 vezes e a divisão percentual (com 70% de treino e 30% de teste).

Ao utilizar o algoritmo de árvore de decisão J48 com o valor do parâmetro padrão de validação cruzada 10 vezes, a saída da árvore consistia em 91 nós e 54 folhas. A saída da matriz de confusão para este algoritmo de aprendizagem tem o seguinte aspeto.

Actual	Predicted					Total	Accuracy Rate
	Cluster1	Cluster 2	Cluster 3	Cluster 4	Cluster 5		
Cluster 1	17633	0	1	0	6	17640	99.96%
Cluster 2	0	9209	1	0	0	9210	99.98%
Cluster 3	0	0	11742	0	4	11746	99.96%
Cluster 4	0	2	0	1484	0	1486	99.96%
Cluster 5	3	0	3	0	6660	6666	99.90%
Total	17636	9211	11747	1484	6670	46748	99.95%

Tabela 4.18 Resultados do algoritmo de árvore de decisão J48 com o valor do parâmetro predefinido da validação cruzada 10 vezes

O resultado da matriz de confusão mostra que, nesta experiência, do total de 46748 quantidades de dados, 46728 (99,95%) dos registos foram classificados corretamente, enquanto os restantes 20 (0,05%) dos registos foram classificados incorretamente.

A Tabela 4.18 mostra claramente que, de 17640 registos, 17633 (99,96%) dos registos foram corretamente classificados como Cluster Um (clientes de baixo valor), enquanto o restante 1 registo foi incorretamente classificado como Cluster Três, e os outros 6 foram incorretamente classificados como Cluster Cinco. Dos 9210 registos, 9209 (99,98%) dos registos foram corretamente classificados como Cluster Dois (clientes de elevado valor), enquanto o restante 1 registo foi incorretamente classificado como Cluster Três. Dos 11746 registos, 11742 (99,96%) registos foram corretamente classificados como Cluster Três, enquanto os restantes 4 registos foram incorretamente classificados como Cluster Cinco. De 1486 registos, 1484 (99,96%) registos foram corretamente classificados como Cluster Quatro, enquanto os restantes 2 registos foram incorretamente classificados como Cluster Dois (cliente de elevado valor). De 6666 registos, 6660 (99,90%) registos foram corretamente classificados como Cluster Cinco, enquanto os restantes 3 registos foram incorretamente classificados como Cluster Um (clientes de baixo valor) e os outros 3 registos foram também incorretamente classificados como Cluster Três.

Embora a experiência anterior tenha tido uma boa precisão, o investigador tentou encontrar a melhor classificação com um tamanho de árvore pequeno, porque as classificações da árvore de decisão com um tamanho de árvore pequeno são mais fáceis de gerar regras. Assim, o investigador tentou várias experiências alterando o valor predefinido dos valores dos parâmetros da validação cruzada 10 vezes da árvore de decisão J48. Os valores predefinidos da validação cruzada 10 vezes são o número mínimo de instâncias por folha (minNumObj) com 2 e o fator de confiança utilizado para a poda (confidenceFactor) com 0,25. Os diferentes valores de minNumObj com 5, 10, 15, 20, 25 foram testados e o resultado da matriz de confusão para minNumObj=25 é apresentado na tabela seguinte.

Actual	Predicted					Total	Accuracy Rate
	Cluster1	Cluster 2	Cluster 3	Cluster 4	Cluster 5		
Cluster 1	17583	0	29	20	8	17640	99.67%
Cluster 2	0	9209	1	0	0	9210	99.98%
Cluster 3	0	6	11727	0	13	11746	99.83%
Cluster 4	5	2	0	1479	0	1486	99.52%
Cluster 5	12	0	16	14	6624	6666	99.36%
Total	17600	9217	11773	1513	6645	46748	99.73%

Tabela 4.19 Resultados do algoritmo de árvore de decisão J48 com minNumObj=25 e confidenceFactor=0,25

Embora o aumento do valor do número mínimo de instâncias por folha (minNumObj) como 25 reduza a taxa de precisão, a árvore foi podada significativamente. Nesta experiência, a árvore é gerada por 34 folhas e 55 nós. A taxa de precisão global do algoritmo foi de 99,73%, o que significa que, do conjunto total de dados (46748 registos), o algoritmo classificou corretamente 46622 registos, enquanto os restantes 126 registos foram mal classificados. A precisão foi minimizada quando comparada com a experiência anterior, que teve 99,95% de precisão.

Além disso, dos 17640 números de clientes de baixo valor no Cluster Um, apenas 17583 (99,67%) foram corretamente classificados, enquanto os restantes 57 (0,33%) clientes foram incorretamente classificados. Em comparação com a primeira experiência, que teve (99,96%) de precisão, a taxa de precisão do segundo algoritmo foi reduzida em 0,29%. Dos 9210 números de clientes do Cluster 2 de valor elevado, 9209 (99,98%) foram classificados corretamente; apenas um cliente foi classificado incorretamente e a sua taxa de precisão foi semelhante à da experiência anterior. Dos 11 746 clientes de valor médio do Grupo Três, 11 727 (99,83%) foram classificados corretamente, enquanto os restantes 19 (0,17%) clientes foram classificados incorretamente, pelo que a sua precisão foi reduzida em 0,13% em relação à experiência anterior. Dos 1486 clientes de valor médio do Cluster Quatro, 1479 (99,52%) foram classificados corretamente, enquanto os restantes 7 (0,48%) foram classificados incorretamente; quando comparada com a experiência anterior, a taxa de precisão foi reduzida em (0,44%). Dos 6666 clientes de valor médio do Grupo Cinco, 6624 (99,36%) foram classificados corretamente, enquanto os restantes 42 (0,64%) foram mal classificados; assim, a taxa de precisão foi reduzida em 0,54% em relação à experiência anterior.

A experimentação da construção do modelo de árvore de decisão J48 é continuada utilizando a divisão percentual com 70% dos registos (conjunto de dados) como treino e os restantes 30% dos registos como teste. Do total de 30% (14024) dos dados de teste, o algoritmo classificou corretamente 13975 (99,65%) registos, enquanto os restantes 49 (0,35%) registos foram classificados incorretamente. A tabela seguinte mostra o resultado da experimentação da divisão percentual.

Actual	Predicted					Total	Accuracy Rate
	Cluster1	Cluster 2	Cluster 3	Cluster 4	Cluster 5		
Cluster 1	5264	0	10	7	0	5281	99.67%
Cluster 2	0	2748	0	0	0	2748	100%
Cluster 3	0	6	3559	0	8	3573	99.60%
Cluster 4	2	0	0	437	0	439	99.54%
Cluster 5	6	0	4	6	1967	1983	99.19%
Total	5272	2754	3573	450	1975	14024	99.65%

Tabela 4.20 Resumo da matriz de confusão com o valor dos parâmetros predefinidos e 70% para o conjunto de dados de treino e 30% para o conjunto de dados de teste

Em comparação com as experiências anteriores, ambas as experiências de validação cruzada 10 vezes, esta experiência teve a menor taxa de precisão global. Mesmo na classificação de clusters individuais, exceto para o segundo cluster, a validação cruzada 10 vezes teve melhor precisão de classificação do que a experiência de divisão de percentagens.

Assim, de todas as experiências acima referidas, foi selecionado o primeiro modelo, validação cruzada 10 vezes com os valores de parâmetros predefinidos, porque este modelo tinha uma melhor precisão tanto na classificação global como na classificação individual dos clusters.

4.5.3.2.2 Modelo de classificação ANN

A outra técnica de classificação comum é o modelo de classificação da Rede Neuronal Artificial (RNA). De acordo com Han e Kamber (2006), o modelo de classificação ANN aprende muito rapidamente quando os valores dos atributos se situam no intervalo [-1, 1]. Assim, para colocar o valor do atributo no intervalo [-1, 1], o investigador utilizou os recursos de pré-processamento de normalização do Weka. Consequentemente, todos os atributos numéricos foram normalizados, ou seja, o seu valor situou-se no intervalo [-1, 1]. No entanto, CTY_DSC (a origem dos itens) é um atributo nominal, mas, como se afirma na Secção 2.6.2.2, o modelo de classificação ANN funciona normalmente apenas com dados numéricos. Assim, existem seis valores distintos neste atributo e a cada um deles é atribuído um valor numérico de 1 a 6. Depois de mapear o valor nominal para o valor numérico, o recurso de pré-processamento da Weka normaliza todos os valores para que fiquem no intervalo de [-1, 1]. Assim, os mesmos atributos que foram usados para construir os modelos de árvore de decisão também foram usados na modelagem da rede neural.

Tal como o algoritmo de árvore de decisão J48, também nesta experiência o investigador utilizou a validação cruzada 10 vezes e testes de divisão de percentagens. Durante a experiência, são efectuadas várias execuções utilizando os valores predefinidos e alterando os valores dos parâmetros das camadas ocultas, da taxa de aprendizagem e do momento. Os valores predefinidos das camadas ocultas, da taxa de aprendizagem e dos parâmetros de impulso são apresentados na tabela seguinte.

Parameter	Description	Default value
hiddenLayers	This defines the hidden layers of the neural network. This is a list of positive whole numbers.	'a' = (attributes + classes) / 2 a=(8 (number of attributes +5 (number of clusters))/2=6.5 (7)
learningRate	The amount the weights are updated	0.3
momentum	Momentum applied to the weights during updating	0.2
10-folds cross-validation		

Tabela 4.21 Parâmetros e respectivos valores por defeito do classificador de rede neural

A partir das diferentes execuções da validação cruzada 10 vezes, é encontrada uma melhor taxa de precisão com a utilização de 0,5 taxa de aprendizagem, 8 camadas ocultas e 0,4 momentum. Nesta execução específica, a saída da matriz de confusão tem o seguinte aspeto

Actual	**Predicted**					**Total**	**Accuracy Rate**
	Cluster1	Cluster 2	Cluster 3	Cluster 4	Cluster 5		
Cluster 1	16744	1	49	0	0	16794	99.70%
Cluster 2	1	8834	8	0	38	8881	99.47%
Cluster 3	13	12	12305	0	0	12330	99.79%
Cluster 4	0	0	0	1168	0	1168	100%
Cluster 5	0	13	0	0	7562	7575	99.83%
Total	16758	8860	12362	1168	7600	46748	99.71%

Tabela 4.22 Resultados da validação cruzada 10 vezes do algoritmo ANN MultilayerPerceptron com hiddenLayers=8, learningRate=0,5 e momentum=0,4

Como se pode ver na Tabela 4.22, o algoritmo RNA multicamadas-perceptrão teve uma boa taxa de precisão de classificação global e individual dos clusters. Do conjunto total de dados (46748) registos, 46613 (99,71%) registos foram corretamente classificados por este algoritmo; apenas 135 (0,29%) registos foram mal classificados.

Para a execução dividida em percentagem, também foi encontrada uma melhor taxa de precisão do desempenho quando hiddenLayers=8, learningRate=0,5 e momentum=0,4. Para esta execução dividida, tal como na experiência da árvore de decisão J48 acima referida, 70% dos registos foram utilizados para treino e 30% dos registos foram utilizados para teste. O resultado da matriz de confusão para esta execução dividida é apresentado na tabela seguinte.

Actual	Predicted					Total	Accuracy Rate
	Cluster1	Cluster 2	Cluster 3	Cluster 4	Cluster 5		
Cluster 1	5048	0	44	0	0	5092	99.04%
Cluster 2	0	2659	0	0	9	2668	99.66%
Cluster 3	0	2	3641	0	0	3643	99.95%
Cluster 4	0	0	0	345	0	345	100%
Cluster 5	0	0	0	0	2276	2276	100%
Total	5048	2661	3685	345	2285	14024	99.60%

Tabela 4.23 Saída dividida do algoritmo ANN MultilayerPerceptron com hiddenLayers=8 learningRate=0.6 e momentum=0.4

O resultado da execução dividida mostra que, do conjunto total de 14024 dados de teste, 13969 (99,60%) dos registos foram corretamente classificados, enquanto os restantes 55 (0,40%) registos foram mal classificados. Para a classificação individual ao nível dos clusters, a execução dividida classificou melhor os clientes de valor médio (Clusters 4 e 5) e os clientes de valor elevado (Cluster 2). No entanto, esta execução foi ainda menos eficiente na classificação de clientes de baixo valor (Cluster 1). Além disso, a execução fraccionada teve uma taxa de precisão global inferior à da validação cruzada 10 vezes.

Dos dois modelos de classificação ANN MultilayerPerceptron acima referidos, foi selecionado o primeiro modelo construído utilizando uma validação cruzada de 10 vezes com hiddenLayers=8 learningRate=0,5 e momentum=0,4, uma vez que este modelo apresentava uma melhor taxa de precisão do que o segundo modelo dividido.

4.5.3.3 Comparação dos modelos de árvore de decisão e de rede neural

Até agora, foram testados dois modelos de classificação; o passo seguinte consistiu em comparar os dois modelos de classificação acima referidos, que foram o modelo de árvore de decisão J48 e o modelo de classificação ANN MultilayerPerceptron. O objetivo da comparação foi escolher o melhor destes dois algoritmos, que era adequado para o domínio do problema desta investigação, o CRM.

Dos dois modelos de classificação acima referidos, o melhor algoritmo foi selecionado com base nos três parâmetros seguintes.

- A taxa global de exatidão da classificação
- A exatidão do modelo na classificação de clientes de elevado valor
- A exatidão do modelo na classificação de clientes de baixo valor

Assim, com base nos critérios acima referidos, foi selecionado o algoritmo que apresentava uma elevada taxa de precisão global e uma elevada precisão na classificação correta dos clientes de elevado valor e de baixo valor nos seus clusters. Consequentemente, a comparação entre os modelos da árvore de decisão e da RNA é descrita a seguir.

10-fold classification model	Overall accuracy (46748 records)		High-value customers (Cluster 2) accuracy		Low-value customers (Cluster 1) accuracy	
	Correctly classified	Incorrectly classified	Correctly classified	Incorrectly classified	Correctly classified	Incorrectly classified
Decision tree model	46728 99.95%	20 0.05%	9209 99.98%	1 0.02%	17633 99.96%	7 0.04%
Neural network model	46613 99.71%	135 0.29%	8834 99.47%	47 0.53%	16744 99.70%	48 0.30%

Tabela 4.24 Resumo do nível de precisão dos modelos de classificação por árvore de decisão e por rede neural

A Tabela 4.24 mostra que o modelo de árvore de decisão teve uma melhor taxa de precisão global do que o modelo de rede neural. Do conjunto total de dados (46748), o modelo de árvore de decisão classificou corretamente 46728 (99,95%) registos. Apenas 20 (0,05%) registos foram mal classificados, enquanto o algoritmo da rede neural classificou corretamente 46613 (99,71%) registos e os restantes 135 (0,33%) registos foram mal classificados. Além disso, a árvore de decisão também teve uma melhor precisão na classificação de clientes de elevado valor; o modelo teve uma precisão de 99,98% na classificação de clientes de elevado valor; apenas um cliente foi classificado como outro cluster. No entanto, o modelo de rede neural teve uma precisão relativamente menor na classificação dos clientes de elevado valor; este modelo teve uma precisão de 99,47% na classificação do cliente de elevado valor no cluster dois. Além disso, o modelo de árvore de decisão teve uma melhor precisão de classificação para classificar clientes de baixo valor; teve uma precisão de 99,96%, enquanto o modelo de rede neural teve apenas 99,70% de precisão.

A partir da comparação dos dois modelos de classificação, é possível concluir que o modelo de classificação por árvore de decisão é o melhor classificador para aplicações de CRM, porque o resultado mostra que, a partir dos três parâmetros, o modelo de classificação por árvore de decisão tem uma taxa de precisão superior à do modelo de classificação por rede neural. Para além disso, o modelo de classificação por árvore de decisão tem também vantagens na facilidade de geração de regras. No **Apêndice 3** são apresentados exemplos de regras de árvore de decisão

Por fim, o modelo desenvolvido com o algoritmo de árvore de decisão J48 utilizando a validação cruzada 10 vezes com os valores de parâmetro predefinidos é testado com o conjunto de dados de teste 17012 para avaliar o desempenho de previsão do modelo. Este modelo desenvolvido obteve uma precisão de previsão de 99,87 no conjunto de dados de teste.

4.6 Avaliação dos conhecimentos descobertos

Infelizmente, os dados reais, que foram recolhidos da organização empresarial, continham valores em falta e valores anómalos. Além disso, os dados recolhidos também estavam armazenados em tabelas diferentes e num formato que não era aceite pela ferramenta de extração de dados selecionada. Por conseguinte, o investigador dedicou um tempo considerável à tarefa de preparação dos dados. Durante a fase de pré-processamento, o investigador tratou os registos que continham valores em falta e detectou e removeu os valores anómalos. Além disso, as tarefas de integração e transformação dos dados foram efectuadas durante a fase de preparação dos dados. Finalmente, os dados pré-processados foram convertidos no formato (ARFF) para o qual a ferramenta selecionada foi aceite.

Uma vez que os dados foram pré-processados, o passo seguinte foi construir um modelo que pudesse efetivamente segmentar os clientes da ERCA. A fase de construção do modelo foi dividida em duas. A primeira fase consistiu na construção de diferentes modelos de agrupamento utilizando o algoritmo K-means. Foi selecionado o modelo de agrupamento que melhor diferenciava os clientes de alto, médio e baixo valor. A fase seguinte consistiu na construção de um modelo de classificação com a árvore de decisão J48 e o algoritmo de rede neural multilayerperceptron, utilizando o índice de clusters como variável dependente. A tarefa de classificação foi efectuada utilizando as opções de teste de validação cruzada de 10 vezes e de divisão percentual (70% para treino e 30% para teste). Entre os vários modelos dos algoritmos de árvore de decisão J48 e de rede neural de múltiplas camadas Perceptron, foi selecionado o melhor com base nos critérios de taxa de precisão global da classificação, precisão na classificação de clientes de elevado valor e precisão na classificação de clientes de baixo valor. Em todos estes critérios, a árvore de decisão obteve uma melhor precisão de classificação. Consequentemente, a árvore de decisão com validação cruzada 10 vezes, que obtém uma precisão global de 99,95%, foi selecionada como o melhor modelo de classificação. Em seguida, o modelo de árvore de decisão J48 foi testado com 17012 conjuntos de dados de teste separados e obteve uma exatidão de 99,87%.

São geradas diferentes regras a partir da árvore de decisão desenvolvida pelo algoritmo J48. Alguns exemplos de regras são os seguintes:

Rule # 1: If TOTAL_REVENUE <= 652333.11 AND
CTY_DSC = AS AND
TOTAL_ITM <= 37 AND
REVENUE_ITEM <= 162139.61, then a customer is classified into **cluster 0**

Rule # 2: If 630615<TOTAL_REVENUE < 652333.11 AND
CTY_DSC = AS AND
TOTAL_ITM <= 37 AND
REVENUE_ITEM >162139.61, then a customer is classified into **cluster 2**

Rule # 3: If TOTAL_REVENUE <= 652333.11 AND
CTY_DSC = AS AND

37<TOTAL_ITM <= 43 AND

TOTAL_INVOICED > 87408.66, then a customer is classified into **cluster** 3

Rule # 4: If TOTAL_REVENUE<=478053.49

CTY_DSC = AM AND

TOTAL_ITM <=42, then a customer is classified into **cluster 0**

Rule # 5: If 652333.11<TOTAL_REVENUE <= 1393587.35 AND

TOTAL_ITM <= 39 AND

CTY_DSC = EU, then a customer is classified into **cluster 4**

Rule # 6: If TOTAL_REVENUE > 1393587.35 AND

CTY_DSC = AS AND

TOTAL_ITM > 75, then a customer is classified into **cluster 3**

Rule # 7: If TOTAL_REVENUE >1393587.35 AND

CTY_DSC = AM AND

TOTAL_ITM < 9, then a customer is classified into **cluster 1**

Rule # 8: If TOTAL_REVENUE <= 498887.78 AND

TOTAL_ITM > 9, then a customer is classified into **cluster 4**

As regras geradas acima são coerentes com as regras comerciais da empresa, o que ajuda a identificar clientes potenciais e de baixo valor. Por exemplo, a regra n.º 7 indica os clientes que geram receitas mais elevadas e importam um número reduzido de artigos. Esta é uma das caraterísticas dos clientes potenciais. Por outro lado, a regra n.º 1 indica os clientes que geraram um pequeno volume de receitas e importam um grande número de artigos, o que constitui uma das caraterísticas dos clientes de baixo valor. Além disso, as regras geradas mostraram que os atributos origem dos artigos, preço dos artigos e receita por número de artigos são importantes para identificar clientes potenciais e de baixo valor.

Os artigos importados da América do Norte, da Europa e da América Latina, o preço dos artigos e as receitas por número de artigos são elevados, revelando clientes potenciais. Por outro lado, os artigos importados da Ásia, o preço dos artigos é baixo e as receitas por número de artigos são baixas, o que revela clientes de baixo valor.

4.7 Utilização dos conhecimentos descobertos

As regras geradas nesta investigação são encorajadoras. Estes conhecimentos/regras descobertos podem ser utilizados para identificar clientes de elevado, médio e baixo valor e tratá-los em conformidade. Para que a empresa possa utilizar estas regras geradas de forma eficaz e eficiente, deve começar por conceber um sistema de base de conhecimentos que possa aconselhar os peritos no domínio. A empresa pode também incorporar as regras recentemente criadas com as regras atualmente utilizadas para identificar clientes potenciais e de baixo valor, a fim de melhorar o processo de tomada de decisões.

CAPÍTULO 5

CONCLUSÃO E RECOMENDAÇÕES

5.1 Conclusão

O principal objetivo desta investigação consistia em segmentar eficazmente os clientes da ERCA com base nas receitas geradas, nas facturas gastas, no número total de artigos importados, no preço dos artigos importados e nos comportamentos de origem dos artigos. Isto, por sua vez, poderia permitir à Autoridade identificar clientes de alto, médio e baixo valor. A identificação destes diferentes grupos de clientes permitiria à ERCA criar um bom CRM com os clientes de elevado valor.

Esta investigação é efectuada utilizando o modelo de processo de extração de dados híbrido de Cios et al. (2000). O modelo de prospeção de dados de Cios et al. (2000) consiste na compreensão do domínio do problema, na compreensão dos dados, na preparação dos dados, na prospeção de dados, na avaliação dos conhecimentos descobertos e na utilização dos conhecimentos descobertos.

A recolha e a preparação dos dados, de modo a torná-los adequados para a tarefa de extração de dados, foram as principais tarefas que consumiram bastante tempo nesta investigação. De seguida, foi aplicado o algoritmo de agrupamento K-means para segmentar os dados dos clientes em grupos significativos. Como resultado, foram criados quatro modelos de agrupamento diferentes, alterando o valor de K (3, 4, 5 e 6) e o valor do tamanho da semente. Entre os quatro modelos, foi selecionado, em conjunto com os peritos no domínio, o modelo que melhor segmenta os clientes de valor elevado, médio e baixo. Consequentemente, das quatro experiências, foi selecionada a terceira (K=5).

Os modelos de classificação foram construídos com os algoritmos J48 decision tree e multilayerperceptron neural net. Destes dois modelos de classificação, o melhor modelo de classificação foi selecionado comparando a precisão global, a precisão na classificação dos clientes de elevado valor e a precisão na classificação dos clientes de baixo valor. O modelo desenvolvido com o algoritmo de árvore de decisão J48 teve uma taxa de precisão global de 99,95%, ao passo que o algoritmo de rede neural de múltiplas camadasperceptron teve uma precisão global de 99,71%. Para classificar os clientes de elevado valor, o algoritmo da árvore de decisão teve 99,98% de exatidão, enquanto o algoritmo da rede neural teve 99,47% de exatidão. Além disso, na classificação de clientes de baixo valor, o algoritmo da árvore de decisão teve 99,96% de exatidão, enquanto o algoritmo da rede neural teve 99,70% de exatidão. Uma vez que o modelo da árvore de decisão obteve um melhor desempenho em todos estes parâmetros de avaliação, o investigador considera que o modelo de classificação da árvore de decisão é uma técnica adequada para esta investigação sobre CRM.

De um modo geral, os resultados deste estudo foram encorajadores. Era possível segmentar os dados dos clientes utilizando técnicas de extração de dados que faziam sentido para a empresa. Para o efeito, foi revista a literatura relacionada com técnicas de extração de dados, CRM e segmentação de clientes.

5.2 Recomendações

O investigador faz as seguintes recomendações com base nos resultados deste estudo.

Criar uma base de dados de clientes

Este estudo levou um tempo considerável para a fase de preparação dos dados. Este tempo pode ser reduzido se o armazém de dados for criado de antemão. Assim, o investigador recomenda vivamente que a ERCA desenvolva um armazém de dados que contenha o comportamento/perfis dos clientes. O armazém de dados pode ser utilizado não só para a extração de dados, mas também para outras análises estatísticas (OLAP) e para a criação de relatórios.

Melhorias no desempenho do modelo

O processo de construção do modelo nesta investigação foi efectuado em duas subfases. Para a agregação, o investigador utilizou o algoritmo simples K-means, enquanto que para a classificação foram testados os algoritmos de aprendizagem J48 decision tree e multilayerperceptron neural net learner. Embora os resultados encontrados sejam encorajadores, foi necessário aperfeiçoar tanto a segmentação como a classificação da rede neural multicamadasperceptron. Com base nisto, o investigador recomenda o seguinte para futuras investigações sobre extração de dados:

> Inclusão de atributos adicionais do cliente: Embora a seleção de atributos tenha sido

feita em conjunto com os peritos do domínio, apenas foi utilizado um número limitado de todos os membros possíveis de atributos. No entanto, o investigador considera que foram obtidos melhores resultados através da utilização do maior número possível de atributos.

- > Integração das bases de dados aduaneiras e fiscais: O presente inquérito incide apenas nas bases de dados aduaneiras ASYCUDA. Esta base de dados contém apenas as receitas geradas quando os clientes importam um artigo. No entanto, novas investigações através da integração das bases de dados das alfândegas e das receitas permitirão uma melhor segmentação dos clientes no ERCA.
- > Comparação do algoritmo de agrupamento K-means com outros algoritmos de agrupamento: O algoritmo K-means simples que foi utilizado nesta investigação tem um bom desempenho para segmentar clientes de valor elevado, médio e baixo. No entanto, uma investigação mais aprofundada utilizando outros algoritmos de agrupamento, como o HierarchicalClusterer, o DBScan, o FarthestFirst, o FillteredClusterer e o SOM, teria confirmado ou ajustado os resultados desta investigação.
- > Ensaio adicional através da alteração de diferentes valores dos parâmetros do algoritmo da rede neural multicamadasperceptron: Tal como Melaku (2009) recomendou, aumentando o número de registos e ajustando os valores dos parâmetros predefinidos do algoritmo de rede neural multilayerperceptron, é possível aumentar a precisão do modelo de classificação. Consequentemente, nesta investigação, ao aumentar o tamanho do conjunto de dados de 10 090 para 46 748 e ao ajustar o valor do parâmetro momentum predefinido de 0,2 para 0,4, a taxa de precisão global aumenta de 98,62% para 99,71%. No entanto, nesta investigação, apenas os parâmetros momentum, taxa de aprendizagem e nós ocultos do algoritmo da rede neural multilayerperceptron foram testados com valores diferentes para melhorar a precisão da classificação do modelo resultante. Assim, o investigador recomenda ainda que se testem os restantes valores dos parâmetros, como o valor do número de iterações (tempo de treino), o tamanho do conjunto de validação e o limiar de validação.
- > Reduzir a soma do erro quadrático no interior do agregado: Durante a experimentação de clusters, a soma do erro quadrático dos clusters foi relativamente grande, cerca de 3101. Assim, o investigador acredita que, ajustando melhor alguns valores dos parâmetros, a soma dos erros quadrados pode ser reduzida.

Melhorar a compreensão do CRM e da extração de dados

Para aumentar a satisfação dos clientes de modo a gerar maiores receitas, a ERCA deve expor os seus funcionários à importância do CRM. Além disso, as técnicas de extração de dados para a segmentação de clientes devem permitir à Autoridade identificar potenciais clientes. Por conseguinte, para utilizar esta capacidade, deve ser criada uma consciencialização sobre as vantagens do CRM entre os funcionários a todos os níveis.

REFERÊNCIAS

Adomavicius, Gediminas e Alexander Tuzhilin. 2001. *Using data mining methods to build customer profiles.* New York: IEEE 1: 74-82

Anyanwu, N. Matthew e Sajjan G. Shiva. n.d. *Comparative analysis of serial decision tree classification algorithms.* Jornal Internacional de Informática e Segurança, (IJCSS) 3: 230-240

Apte, Chidanand, Bing Liu, Edwin Pednault e Padhraic Smyth. 2002. *Business applications of data mining.* Comunicações da ACM 8:49-53

Arai, Kohei e Ali Ridho Barakbah. 2007. *K-means hierárquico: um algoritmo para inicialização de centróides para K-means.* Universidade de Saga: 1:25-31

Arthur, David e Sergei Vassilvitskii. 2006. *How slow is the K-means method.* http://www.cs.duke.edU/courses/spring07/cps296.2/papers/kMeans-socg.pdf (data de acesso 17 de fevereiro de 2011)

Berndt, Adele, Frikkie Herbst e Lindie Roux. 2005. *Implementação de um programa de gestão da relação com os clientes num mercado emergente.* Journal of Global Business and Technology 1: 81-89

Bose, Ranjit. 2002. *Customer relationship management key components for IT success.* Gestão Industrial e Sistema de Dados 2:89-97

Boulding, William, Richard Staelin, Michael Ehret, & Wesley J. Johnston. 2005. *A customer relationship management roadmap: what is known, potential pitfalls, and where to go.* Journal of Marketing 1:155-166

Bounsaythip, Catherine e Esa Rinta-Runsala. 2001. *Visão geral da extração de dados para modelação do comportamento do cliente.* VTT Information Technology 18: 1-53

Bull, Christopher. 2003. *Strategic issues in customer relationship management (CRM) implementation.* Jornal de Gestão de Processos Empresariais 9: 592-602

Chalmeta, Ricardo. 2006. *Metodologia para gestão de relacionamento com clientes.* Revista de Sistemas e Software 79:1015-1024

Chen, Ruey-Shun, Ruey-Chyi Wu e J. Y. Chen. 2005. *Data mining application in customer relationship management of credit card business (Aplicação de extração de dados na gestão das relações com os clientes no sector dos cartões de crédito).* Conferência anual internacional de software e aplicações informáticas do IEEE 2:730-3157

Cross, Glendon e Wayne Thompson. 2008. *Understanding your customer: segmentation techniques for gaining customer insight and predicting risk in the telecom industry*. SAS Global forum data mining and predictive model http://www2.sas.eom/proceedings/forum2008/154-2008.pdf (data de acesso 10 de fevereiro de 2011)

Denekew, Abera. 2003. *The application of data mining to support customer relationship management at Ethiopian Airlines*. Tese de mestrado não publicada, Departamento de Ciências da Informação, Faculdade de Informática, Universidade de Adis Abeba, Adis Abeba

Deshpande, S. P. e V. M. Thakare. 2010. *Data mining system and application: a review*. Jornal Internacional de Sistemas Distribuídos e Paralelos (IJDPS) 1:32-44

Doye, Tom. 2010. *Gestão colaborativa das fronteiras*. Jornal Mundial das Alfândegas 4:333-340

Dunham, H. Margaret. 2000. *Data mining techniques and algorithms partial draft of forthcoming book from prentice hall*. http://www.cba.ua.edu/~mhardin/dunham.pdf (data de acesso 5 de janeiro de 2011)

Edelstein, H. 2002. *Data mining: exploiting the hidden trends in your data*. Tecnologia na Sociedade 4:483-502

Grupo Europeu de Reguladores da Eletricidade e do Gás (ERGEG). 2010. *GGP sobre tratamento, comunicação e classificação de reclamações de clientes*. Ref: E10-CEM-33-05

Faber, Vance. 1994. *Clustering and the continuous K-means algorithm (Agrupamento e o algoritmo contínuo K-means)*. Ciência de Los Alamos 22: 138-144

Farn, Cheng-Kiang e Li Ting Huang. 2009. *A study on industrial customer's loyalty to application service providers: the case of logistics information services*. Jornal Internacional de Informática 3: 151-160

Fayyad, Usama, Gregory Piatetsky-Shapiro e Padhraic Smyth. 1996. *From data mining to knowledge discovery in databases (Da extração de dados à descoberta de conhecimentos em bases de dados)*. Associação Americana para a Inteligência Artificial 37-54

Fayyad, Usama, Gregory Piatetsky-Shapiro e Padhraic Smyth. 1996. *Descoberta de conhecimentos e extração de dados: para um quadro unificador*. *http://www-aig.jpl.nasa.gov/kdd96* (data de acesso 2 de março de 2011)

Federal Negarit Gazeta da República Federal Democrática da Etiópia. 2008.

Proclamação n.º 587/2008, Página 4123 da Proclamação

Fekadu, Mekonnen. 2004. *Aplicação da extração de dados para apoiar a gestão das relações com os clientes na Ethiopian Telecommunications Corporation.* Tese de mestrado não publicada, Departamento de Ciências da Informação, Faculdade de Informática, Universidade de Adis Abeba, Adis Abeba

Gray, Paul e Jongbok Byun. 2001. *Gestão das relações com os clientes.* http://www.wcfia.harvard.edu/us-japan/research/pdf/06-13.ueno.pdf (data de acesso 15 de fevereiro de 2011)

Gray, Paul. 2001. *Gestão das relações com os clientes.* http://www.crito.uci.edu/papers/2001/crm.pdf (data de acesso 16 de fevereiro de 2011)

Greengrove, Kathryn. 2002. *Needs-based segmentation: principles and practice.* EUA: International Journal of Market Research 44: 405-421

Hajizadeh, Ehsan, Hamed Davari Ardakani e Jamal Shahrabi. 2010. *Application of data mining techniques in stock markets.* Jornal de Economia e Finanças Internacionais 7:109-118

Han, Jiawei e Micheline Kamber. 2006. *Data mining: concepts and techniques.* 2nd ed.USA: Morgan Kaufmann

Henock, Woubishet. 2002. *Aplicação de técnicas de extração de dados para apoiar a gestão das relações com os clientes na Ethiopian Airlines.* Tese de mestrado não publicada, Departamento de Ciências da Informação, Faculdade de Informática, Universidade de Adis Abeba, Adis Abeba

http://www. Autoridade das Receitas e Alfândegas da Etiópia (data de acesso: 7 de janeiro de 2011)

Huang, Yingping. 2003. *Infraestrutura, limpeza e extração de dados para apoio à simulação científica.* Departamento de Ciência e Engenharia da Computação, Universidade de Notre Dame, Indiana

Hwang, Hyunseok, Taesoo Jung e Euiho Suh. 2004. *An LTV model and customer segmentation based on customer value: a case study on the wireless telecommunication industry.* Expert Systems with Applications 26: 181-188

Johnston, Robert e Sandy Mehra. 2002. *Best-practice complaint management.* Academy of Management Executive 4:145-154

Kanungo, Tapas, David M. Mount, Nathan S. Netanyahu, Christine D. Piatko, Ruth

Silverman e Angela Y. Wu. 2002. *Um algoritmo de agrupamento k-means eficiente: análise e implementação.* IEEE Transactions on Pattern Analysis and Machine Intelligence 24:881-892

Kim, Jonghyeok, Euiho Suh e Hyunseok Hwang. 2003. *A model for evaluating the effectiveness of CRM using the balanced scorecard.* Jornal de Marketing Interativo 2: 5-19

Kim, Su-Yeon, Tae-Soo Jung, Eui-Ho Suh e Hyun-Seok Hwang. 2006. *Segmentação de clientes e desenvolvimento de estratégias com base no valor do tempo de vida do cliente: um estudo de caso.* Expert Systems with Applications 31: 101-107

King, F. Stephen e Thomas F. Burgess. 2008. *Understanding success and failure in customer relationship management.* Industrial Marketing Management 37: 421-431

Koh, Chye Hian e Gerald Tan. n.d. *Data mining applications in healthcare.* Jornal de Gestão da Informação sobre Cuidados de Saúde 2:64-72

Kumar, Ela e Arun Solanki .2010. *Uma abordagem de extração combinada e aplicação na administração fiscal.* Jornal Internacional de Engenharia e Tecnologia 2:38-44

Kumneger, Fekrie. 2006. *Aplicação de técnicas de extração de dados para apoiar a gestão das relações com os clientes da Ethiopian Shipping Lines (ESL).* Tese de mestrado não publicada, Departamento de Ciências da Informação, Faculdade de Informática, Universidade de Adis Abeba, Adis Abeba

Kurgan, A. Lukasz, e Petr Musilek. 2006. *A survey of knowledge discovery and data mining process models.* Reino Unido: Cambridge University Press 21: 1-24

Mahler, J. Juliannem e Thomas Hennessey. 1996. *Taking internal customer satisfaction seriously at the U.S. customs service.* Jstor's M.E Sharpe 4:487-497

McGuirk, Mike. 2007. *Segmentação de clientes e modelação preditiva.* http://www.iknowtion.com/downloads/Segmentation.pdf (data de acesso 2 de março de 2011)

McKinsey and Company. 2001. *The new era of customer loyalty management.* htttp://www.marketing.mckinsey.com (data de acesso 4 de fevereiro de 2011)

Melaku, Girma. 2009. *Aplicabilidade das técnicas de extração de dados à gestão da relação com os clientes (CRM): o caso do serviço telefónico CDMA (code division multiple access) da Ethiopian Telecommunications Corporation (ETC).* Tese de mestrado não publicada, Departamento de Ciências da Informação, Faculdade de Informática, Universidade de Adis Abeba, Adis Abeba

Nasereddin, H. O. Hebah. 2009. *Extração de dados de fluxo*. Jornal Internacional de Aplicações Web 4:183-190

Ngai, E.W.T. 2005. *Customer relationship management research: an academic literature review and classification*. Inteligência e Planeamento de Marketing 6: 582-605

Ngai, E.W.T., Li Xiu , D.C.K. Chau. 2009. *Aplicação de técnicas de extração de dados na gestão da relação com os clientes: uma revisão e classificação da literatura*. Sistemas Periciais com Aplicações 36:2592-2602

Parvatiyar, Atul e Jagdish N. Sheth. 2001. *Customer relationship management: emerging practice, process, and discipline*. Jornal de Investigação Económica e Social 2:1-34

Rygielski, A. Chris, Jyun-Cheng Wang B, David C. Yen. 2002. *Data mining techniques for customer relationship management*. Tecnologia na Sociedade 24:483-502

Saarenvirta, G.. 1998. *Exploração de dados de clientes*. http://www.db2mag.com/db area/archives/1998/q3/98fsaar.html (data de acesso: 6 de janeiro de 2011)

Shang, S. C. Shari e Chih-Hsiang Chen. n.d. *Human processes in customer relationship management*. 11th Pacific-Asia Conference on Information Systems http://www.pacis-net.org/file/2007/1259.pdf (data de acesso: 6 de janeiro de 2011)

Singh, Yashpal e Alok Singh Chauhan. 2009. *Neural networks in data mining (Redes neuronais na extração de dados)*. Índia: Journal of Theoretical and Applied Information Technology 37-42

Srivastava, Jaideep. 2002. *Data mining for customer relationship management (CRM)*. Advances in Knowledge Discovery and Data Mining 2336:14-27

Suresh, Hemamalini. 2002. *Customer relationship management: an opportunity for competitive advantage*. Índia: PSG Institute of Management http://www.realmarket.com/required/psginst1.pdf (data de acesso 6 de fevereiro de 2011)

Tilahun, Muluneh. 2009. *Possible application of data mining techniques to target potential visa card users in direct marketing: the case of Dashen Bank s.c.* Tese de mestrado não publicada, Departamento de Ciências da Informação, Faculdade de Informática, Universidade de Adis Abeba, Adis Abeba

Trappey, V.Charles, Amy J.C. Trappey, Ai-Che Chang e Ashley Y.L. Huang. 2009. *A análise das escolhas de serviço ao cliente e das preferências de promoção utilizando agrupamento hierárquico*. China: Jornal do Instituto Chinês de Engenheiros Industriais

5:367-376

Two Crows Corporation. 1999. *Introdução à extração de dados e à descoberta de conhecimentos*. 3rd ed. ISBN: 1-892095-02-5, Potomac, MD 20854 (U.S.A.)

Verhoef, C. Peter. 2003. *Understanding the effect of customer relationship management efforts on customer retention and customer share development*. Jstor the Journal of Marketing 4: 30-45

Wahab, Samsudin e Juhary Ali. 2010. *A evolução do marketing relacional (RM) para a gestão da relação com o cliente (CRM): um passo para a sustentabilidade da empresa*. Information Management and Business Review 1: 88-96

WeiWang e Shidong Fan. 2010. *Aplicação da técnica de extração de dados na segmentação de clientes de empresas de transporte marítimo*. China: IEEE 1:4

Witten, H. Ian e Eibe Frank. 2005. *Data mining practical machine learning tools and techniques*. 2nd ed. EUA: Morgan Kaufmann

Zaiane, R. Osmar .1999. *Princípios de descoberta de conhecimento em bases de dados*. Universidade de Alberta http://webdocs.cs.ualberta.ca/~zaiane/courses/cmput690/slides/ch0s.pdf (data de acesso 5 de fevereiro de 2011)

APÊNDICES

Apêndice 1 Vista parcial dos dados da amostra recolhidos inicialmente

SAD_CONSIGNEE Nominal	CMP_NAM Nominal	SAD_REG_DATE Nominal	SAD_ITM_TOTAL Numeric	SAD_PACK_TOTAL Nominal	SAD_TOT_INVOICED Nominal	SADITM_ITM_PRICE Nominal	SADITM_HS_COD Numeric	CTY_DSC Nominal	CDI_AMOUNT_TOTAL Nominal
0000148762DR02	AHMMED YOUSUF AWOL	12-30-2009	1.0	17.0	57,218.86	57,218.86	7210.0	China	8,577,287.28
0001600437ET02	A.M.Y. GENERAL TRADING ...	07-08-2009	21.0	81.0	12,460.80	224.4	8409.0	China	2,092,902.53
0000148668DR02	ABDUSELAM MOHAMMED A...	01-05-2009	1.0	3,400.00	54,672.00	54,672.00	1511.0	Netherla...	5,635,364.62
0000148668DR02	ABDUSELAM MOHAMMED A...	11-06-2009	1.0	5,000.00	61,875.00	61,875.00	1006.0	Thailand	5,635,364.62
0000145906DR02	ADEM MOHAMMED ABDULAHI	02-14-2009	1.0	11,990.00	297,352.00	297,352.00	1511.0	Malaysia	266,151.85
0001583210OR02	SHEMSHEDIN MOHAMED H...	11-04-2009	1.0	2,000.00	30,960.00	30,960.00	1511.0	United A...	562,159.17
0000143390DR02	ABDULJEBAR ABDUREHMA...	12-21-2009	2.0	2.0	32,400.00	16,200.00	8704.0	Japan	1,533,369.66
0002298177DR03	AWALEY GENERAL TRADIN...	07-15-2009	4.0	2,300.00	39,653.00	7,200.00	1104.0	Malta	10,698,674.41
0000760571HRRI	HARAR BREWERY SHARE C...	07-25-2009	1.0	107.0	6,741.00	6,741.00	3505.0	United K...	20,665,101.42
0000037161ET03	JUGEL PRIVATE LIMITED C...	06-20-2009	16.0	100.0	109,000.00	202.4	8714.0	India	10,569,689.14
0004332627AA02	EYASU YIRADU KIDANE	01-22-2009	19.0	1,256.00	19,540.07	2,310.64	9403.0	China	291,121.08
0004332627AA02	EYASU YIRADU KIDANE	01-28-2009	11.0	292.0	19,253.08	180.0	9401.0	China	291,121.08
0004603267DR02	AMIR AHMED ALI	09-17-2009	7.0	13.0	23,338.48	696.17	8443.0	Italy	506,903.47
0003220720R02	JEMAL ABUBEKER MUMED	04-27-2009	42.0	505.0	25,410.25	189.4	3306.0	United A...	739,378.02
0003220720R02	JEMAL ABUBEKER MUMED	10-27-2009	78.0	568.0	23,967.26	85.2	3306.0	Saudi Ar...	739,378.02
0000722883DR02	SEBLEWENGEL ABEBE ADM...	06-01-2009	31.0	352.0	58,964.62	50.0	5802.0	China	48,329.76
0003234229DR02	ZINAT ABDURASHID AHMED	02-06-2009	1.0	6,240.00	151,632.00	151,632.00	1511.0	United A...	541,442.05
0003980843DR02	BIRZAF GEBREMEDHIn TEK...	06-08-2009	92.0	1,088.00	38,877.92	28.0	8516.0	China	725,161.84
0003980843DR02	BIRZAF GEBREMEDHIn TEK...	06-08-2009	92.0	1,088.00	38,877.92	77.7	8415.0	China	725,161.84
0003980843DR02	BIRZAF GEBREMEDHIn TEK...	06-08-2009	92.0	1,088.00	38,877.92	510.0	8518.0	China	725,161.84
0003980843DR02	BIRZAF GEBREMEDHIn TEK...	06-08-2009	92.0	1,088.00	38,877.92	255.0	8518.0	China	725,161.84
0003980843DR02	BIRZAF GEBREMEDHIn TEK...	06-08-2009	92.0	1,088.00	38,877.92	536.0	8518.0	India	725,161.84
0003980843DR02	BIRZAF GEBREMEDHIn TEK...	06-08-2009	92.0	1,088.00	38,877.92	300.0	8527.0	China	725,161.84
0003980843DR02	BIRZAF GEBREMEDHIn TEK...	06-08-2009	92.0	1,088.00	38,877.92	360.0	8510.0	United S...	725,161.84
0003980843DR02	BIRZAF GEBREMEDHIn TEK...	11-06-2009	96.0	1,479.00	48,453.74	960.0	8471.0	Taiwan, ...	1,450,323.68
0003835108ETFI	HABESHA STEEL MILLS PRI...	06-26-2009	53.0	175.0	47,658.96	11.5	3506.0	India	35,698.14
0003835108ETFI	HABESHA STEEL MILLS PRI...	06-26-2009	53.0	175.0	47,658.96	67.2	4016.0	India	35,698.14
0000148734DRRI	WONDWOSEN WERKU MOLLA	05-22-2009	138.0	15,503.00	189,101.45	100.0	8215.0	Portugal	317,619.75
0000329779DRRI	BERHANE GEBREHIWOT AT...	08-19-2009	77.0	1,378.00	214,813.87	484.02	9403.0	China	56,624.03
0000329779DRRI	BERHANE GEBREHIWOT AT...	08-19-2009	77.0	1,378.00	214,813.87	220.0	8536.0	China	56,624.03
0000007947ET02	AFATCO TRADING PRIVAT...	09-26-2009	29.0	1,337.00	31,716.59	717.24	6809.0	China	364,324.86
0000743299DR03	Abdiweli Jebreal Musa	10-24-2009	33.0	33.0	134,436.24	293.2	8421.0	India	645,788.32
0000743299DR03	Abdiweli Jebreal Musa	10-24-2009	33.0	33.0	134,436.24	248.41	4016.0	India	645,788.32
0000743299DR03	Abdiweli Jebreal Musa	10-24-2009	33.0	33.0	134,436.24	851.15	7320.0	India	645,788.32

Apêndice 2 Exemplo da árvore de decisão gerada com a técnica de validação cruzada 10 vezes

```
J48 pruned tree

------------------

TOTAL_REVENUE <= 652333.11
|   CTY_DSC = AS
|   |   TOTAL_ITM <= 43
|   |   |   TOTAL_ITM <= 37
|   |   |   |   REVENUE_ITEM <= 162139.61: cluster0 (16044.0)
|   |   |   |   REVENUE_ITEM > 162139.61
|   |   |   |   |   TOTAL_REVENUE <= 630615.86: cluster0 (432.0)
|   |   |   |   |   TOTAL_REVENUE > 630615.86: cluster2 (21.0)
|   |   |   TOTAL_ITM > 37
|   |   |   |   TOT_INVOICED <= 87408.66: cluster0 (257.0)
|   |   |   |   TOT_INVOICED > 87408.66: cluster3 (71.0)
|   |   TOTAL_ITM > 43
|   |   |   TOTAL_REVENUE <= 33962.11: cluster0 (26.0)
|   |   |   TOTAL_REVENUE > 33962.11: cluster3 (628.0)
|   CTY_DSC = EU: cluster4 (4210.0)
|   CTY_DSC = AM
|   |   TOTAL_REVENUE <= 478053.49
|   |   |   TOTAL_ITM <= 42: cluster0 (353.0)
|   |   |   TOTAL_ITM > 42
|   |   |   |   TOTAL_ITM <= 49: cluster0 (8.0)
|   |   |   |   TOTAL_ITM > 49: cluster3 (3.0)
|   |   TOTAL_REVENUE > 478053.49: cluster4 (61.0)
|   CTY_DSC = AF
|   |   TOTAL_REVENUE <= 448994.77: cluster0 (348.0)
|   |   TOTAL_REVENUE > 448994.77
```

```
| | | TOTAL_REVENUE <= 498887.78
| | | | TOTAL_ITM <= 9: cluster0 (7.0/1.0)
| | | | TOTAL_ITM > 9: cluster4 (8.0/1.0)
| | | TOTAL_REVENUE > 498887.78: cluster4 (22.0)
| CTY_DSC = LA
| | TOTAL_REVENUE <= 490154.39: cluster0 (50.0)
| | TOTAL_REVENUE > 490154.39: cluster4 (10.0)
| CTY_DSC = AU
| | TOTAL_REVENUE <= 435824.59: cluster0 (39.0)
| | TOTAL_REVENUE > 435824.59: cluster4 (2.0)
TOTAL_REVENUE > 652333.11
| TOTAL_REVENUE <= 1393587.35
| | TOTAL_ITM <= 39
| | | CTY_DSC = AS
| | | | REVENUE_ITEM <= 1327510.21
| | | | | TOTAL_REVENUE <= 665252.37
| | | | | | TOTAL_ITM <= 14
| | | | | | | TOTAL_REVENUE <= 653509.24
| | | | | | | | TOTAL_ITM <= 5: cluster2 (7.0)
| | | | | | | | TOTAL_ITM > 5: cluster0 (6.0)
| | | | | | | TOTAL_REVENUE > 653509.24: cluster2 (129.0)
| | | | | | TOTAL_ITM > 14
| | | | | | | TOT_INVOICED <= 27476.95
| | | | | | | | TOTAL_ITM <= 21: cluster0 (4.0)
| | | | | | | | TOTAL_ITM > 21: cluster2 (21.0)
| | | | | | | TOT_INVOICED > 27476.95: cluster0 (66.0)
| | | | | TOTAL_REVENUE > 665252.37: cluster2 (11304.0/1.0)
| | | | REVENUE_ITEM > 1327510.21
| | | | | TOTAL_REVENUE <= 1337529.49: cluster2 (2.0)
```

Apêndice 3 Saída da modelação de clusters K-means com diferentes valores de K e Seed

```
kMeans
======

Number of iterations: 4
Within cluster sum of squared errors: 5199.16916161839557
Missing values globally replaced with mean/mode

Cluster centroids:
                                      Cluster#
Attribute               Full Data            0            1            2
                          (46748)       (6544)      (38992)       (1212)
=========================================================================
TOTAL_ITM                 12.7659      13.3325      12.5755      15.8317
TOT_INVOICED          102653.6474   74041.9775  105916.3269  152172.1036
ITM_PRICE               30595.149    20555.431   32368.0044    27767.376
CTY_DSC                        AS           EU           AS           AM
TOTAL_REVENUE         837569.5832  639766.3282  879519.7837  555970.8062
REVENUE_ITEM           39995.4777   69301.0492   35285.7009   33285.8713
INVOICED_REVENUE           2.5481       1.8051        2.534       7.0145
REVENUE_PRICE           6194.2725    5025.5301    6414.6447    5414.9808
```

Saída da execução do cluster com K=3 e seed=100

```
kMeans
======

Number of iterations: 19
Within cluster sum of squared errors: 3326.4367631392697
Missing values globally replaced with mean/mode

Cluster centroids:
                                      Cluster#
Attribute               Full Data            0            1            2            3
                          (46748)       (6651)       (9263)      (18790)      (12044)
======================================================================================
TOTAL_ITM                 12.7659      13.4004      10.3455       14.131      12.1473
TOT_INVOICED          102653.6474   73379.3309  138122.1337  128316.0764    51504.681
ITM_PRICE               30595.149    20372.429   58714.0539    27325.129   19715.8375
CTY_DSC               [illegible]           EU           AS           AS           AS
TOTAL_REVENUE         837569.5832  640087.2653  [illegible]  [illegible] 1001966.7408
REVENUE_ITEM           39995.4777   68448.4872   75083.0995   14652.3088   36835.4426
INVOICED_REVENUE           2.5481       1.7769       0.0819       5.6359       0.0536
REVENUE_PRICE           6194.2725    5031.4321   12172.9275    3465.2206    6495.8878
```

Saída da execução do cluster com K=4 e seed=1000

```
kMeans
======

Number of iterations: 24
Within cluster sum of squared errors: 3101.601334182573
Missing values globally replaced with mean/mode

Cluster centroids:
                                      Cluster#
Attribute               Full Data            0            1            2            3            4
                          (46748)      (17640)       (9210)      (11746)       (1486)       (6666)
===================================================================================================
TOTAL_ITM                 12.7659       11.234       9.5163       9.9662      70.5074      13.3708
TOT_INVOICED          102653.6474   132532.474  138128.4144   50533.0909   71479.3151   73362.9194
ITM_PRICE               30595.149   28946.2881   59053.1257   20326.4601    1096.2238   20310.0252
CTY_DSC                        AS           AS           AS           AS           AS           EU
TOTAL_REVENUE         837569.5832  319067.1864 1797414.4812  994265.1809  694342.7351  639324.6652
REVENUE_ITEM           39995.4777   15308.7763     75515.58   38099.3343     852.1654   68314.1596
INVOICED_REVENUE           2.5481       5.9743        0.082       0.0529       0.3601       1.7733
REVENUE_PRICE           6194.2725    2985.0073   12241.5459    6205.9612   11953.4863    5027.2402
```

Saída da execução do cluster com K=5 e seed=10

MIX
Papier aus verantwortungsvollen Quellen
Paper from responsible sources
FSC® C105338

Printed by Books on Demand GmbH, Norderstedt / Germany